# 유적지 찾아가는 일본 여행

# 유적지 찾아가는 일본 여행

사진과 같이 보는 여행 이야기

정지영 지음

좋은땅

## 일러두기

- 일본어 발음은 한국인에게는 읽거나 들어도 머리에 잘 기억되지 않습니다. 고유명사를 표시할 때 기본적으로는 일본어 발음을 먼저 쓰고 괄호 속에 한자 또는 한국어 발음을 적었습니다. 그러나 우리에게 이미 잘 기억되고 있는 북해도(北海道), 청수사(清水寺) 등은 우리말 발음을 우선하고, 괄호 안에 일본어 발음을 표기하여 책을 읽는 사람이 기억하기 편리하게 하였습니다. 즉, 고유명사 발음 표기에 특별히 통일된 원칙을 두지 않고 한국인에게 익숙한 용어를 우선 사용하여 독자 가독성을 높였습니다.
- 일본어는 띄어쓰기 제도가 없습니다. 고유명사성 단어라도 너무 긴 단어인 경우에는 가독성을 높이기 위하여 적당히 띄어쓰기를 하였습니다.

# 차례

# 시코쿠(四國)

# 규슈(九州)

# 서문

본인은 1976년 대학을 졸업하고 금융회사에 취업하여 27년간 근무하고 퇴직하였다. 보통의 회사원보다는 치열하게 근무하였던 것 같다. 그 결과 평사원으로 입사하여 대표이사까지 지낼 수 있었다. 당시에는 회사원의 정년퇴직 연령이 만 55세였다. 임원들은 이 규정의 적용을 받지는 않지만 대개 이 연령대에서 퇴직하였다.

당시는 우리나라와 중국과의 정치적 교류, 무역, 관광 등이 붐을 이룰 때였다. 나는 퇴직하자마자 새롭게 뜨는 나라이자 넓디넓은 나라인 중국을 여행해 보기로 결심하고, 첫 여행지로 2003년 8월 민족의 영산이라는 백두산의 천지에 올랐다(당시는 천지호수까지 걸어가서 손으로 호숫물을 만져 볼 수 있었다). 그 후 중국 대륙에 마음이 꽂혀서 우리나라 남한의 100배쯤 되는 중국 대륙의 중요 유적지를 모두 여행하기로 하고 중국을 6개권으로 나누어 3년간 여행하였다. 내가 치안도 좋지 않은 중국의 소수민족 자치구 등을 혼자서 쏘다니고 있으니, 북경에서 여행사를 경영하는 조창완 후배가 걱정되었는지 비상시에 대비하여 자기 회사 고문으로 위촉하고 명함을 만들어 주었다. 나는 그 회사의 명함을 비상 연락처로 여권에 꽂아 놓고 티베트, 신장위구르자치구 등 오지를 돌아다녔다.

중국을 돌아다니려니 언어가 큰 문제였다. 그 당시에는 북경, 상해 등 대도시를 제외하고는 호텔, 음식점, 기차역, 거리, 어디에서도 영어가 전혀 통하지 않았다. 할 수 없이 목마른 사람이 우물을 파듯 중국어 교본을 들고 다니면서 외웠다. 발음이 어려운 중국어는 자습으로는 공부하는 데 한계가 있어서 나는 한국방송대학교의 중어중문학과에 편입하여 공부하였다. 방송대학이라는 것이 나같이 주거 부정인 사람에게는 매우 편리하여 한국에 있거나 중국에 있거나, 도시에 있거나 시골에 있거나 PC만 있으면 공부할 수 있었다 (지금은 스마트폰만 있으면 어디서나 공부할 수 있어서 더욱 편리해졌다).

내가 신장위구르 지역의 타클라마칸 사막과 천산북로, 천산남로 등을 오랫동안 돌아다니다가 귀국한 것을 안 출판사 편집장이 자기 출판사의 '세계여행 시리즈'의 한 부분을 저술해 달라고 해서 팔자에 없는 작가(?)가 되어 《세계여행 실크로드》(성하출판사, 2006)라는 여행 가이드북을 출간하였다. 그 후 초판 3천 부가 다 팔려서 내용을 수정해서 개정판을 찍으려고 하니 출판사가 없어졌다.

중국 여행도 할 만큼 했고 여비도 떨어지고 하여, 그동안 중국을 돌아다니면서 얻은 지식을 활용할 궁리를 하다가, 2008년 3월부터 남해안에 있는 섬, 거제도의 거제대학교에서 학생들에게 '현대중국의 이해'라는 교양과목으로 중국의 역사·지리·문화를 강의했다. 그 후 학장, 총장을 역임하고 2016년 2월 정년퇴직하였다. 대학은 회사와 달리 만 65세에 퇴직하니 참 좋다. 나는 회사와 대학을 거쳐서 오랜 기간 대과 없이 직장생활을 한 셈이다. 이 점을 지금도 하느님께 감사하고 있다.

정년퇴직한 직후에 안식구와 함께 뉴질랜드로 가서 자동차 한 대를 장기

렌트하여 뉴질랜드의 남섬과 북섬을 3개월간 돌아다녔다. 내가 중국을 휘젓고 다닐 때는 안식구는 직장을 다니고 있어서 주로 나 혼자 다녔는데, 이때는 안식구도 퇴직해서 같이 다닐 수 있었다. 뉴질랜드는 훌륭한 경치와 자연환경이 매력적이지만 역사가 느껴지지 않고, 인구가 너무 적어 사람 냄새가 나지 않아서 귀국했다.

귀국 후에 '다음 중점 여행지를 어디로 할까?' 고민하다가 일본으로 정했다. 일본으로 정한 동기는 다음과 같다. 2013년 3월 유홍준 교수와 제자들이 일본 교토(京都)와 나라(奈良)의 고대 유적 답사(3박 4일)를 갈 때 동행할 기회가 있었는데, 그때 교수님한테 여러 가지 설명을 듣고 일본을 다시 보게 되었다. 우리 국민은 과거사 때문에 일본하면 무시하고 배척하는 경향이 있는데, 일본은 국토도 넓고 그 속에 찾아볼 만한 문화유산이 많다는 것을 알았다. 이에 따라 일본의 이곳저곳을 여행하면서 그들 문화의 특징과 장점 등을 제대로 살펴보고 싶었다.

여행지를 일본으로 정하고 거제대학교 평생교육원에서 일본어를 열심히 배웠다(지금도 배우고 있다). 무릇 여행이 재미있으려면 여행지 언어가 잘 통해야 한다. 2016년 여름부터 일본의 최북단 북해도부터 남쪽 끝 오키나와섬까지 수많은 유적지를 찾아 다녔다. 일본여행이 편리한 것은 우리나라와 거리가 가깝고 여러 항공사가 일본 내의 많은 도시를 직항으로 운행하므로 항공요금이 저렴하다. 부산~서울 국내선 요금보다도 저렴한 부산~일본 도시의 국제선 구간이 꽤 많다. 따라서 일본에 계속 오래 있을 필요 없이 한 번 가면 일주일 내지 열흘 정도 있다가 돌아와서 숨 좀 쉬고 다시 갈 수 있어서 좋다. 일본에 오랫동안 체류하면서 A지역에서 B지역으로 가려면 일본 국내선 항공 편도 요금은 최소 20,000엔 이상이고, 신칸센 기차를 탄다 해도 보통 두 시간 거리를 타면 15,000엔 정도 나오므로, A지역에서 항공기로 부산으로 왔다가 다시 비행기를 타고 B지역으로 가는 것이 더 저렴한 경우가 많다.

일본은 중국과 달리 비자가 필요 없으니 비행기 표만 있으면 갑자기 갈 수도 있다. 일본은 교통비가 워낙 비싸므로 여행 계획을 짤 때 가장 먼저 고려하여야 하는 것이 교통비이며, 이를 절약하기 위하여 JR패스(일정 구역에서 기차를 무제한 탈 수 있다) 등을 잘 활용하여야 한다. 일본은 기차 왕국이다. JR열차는 전국 방방곡곡 시골 마을까지 어느 곳이나 다닌다. 시골 마을에 낡은 기차역이 있는 것이 신기하여 이 역이 언제 생겼느냐고 물어보면 1885년, 1905년 등으로 대답하여 나를 깜짝 놀라게 한 경우가 여러 번 있었다.

본인은 고향이 인천이고 주로 살던 곳이 서울이지만, 거제도가 공기도 맑고 일본을 가기도 편리하여 아직도 거제도에 살고 있다. 인천공항에서 일본으로 가는 비행기를 한 번 타려면 공항이 하도 크고 복잡해서 비행기 탑승 시간은 고작 1~2시간인데 인천공항에서 서성거리는 시간이 3시간이다. 그러나 부산 김해공항은 항공기 출발 40분 전까지 공항에 도착하면 된다. 거제도에서 부산 방향으로 다리(거가대교)가 있어서 거제도 시내에서 시외버스를 타고 1시간이면 공항에 도착한다.

일본을 방문하는 한국인이 하루 평균 2만 명이라고 한다(연간 약 750만 명). 20~30대의 젊은이는 주로 대도시에서 맛집과 액티비티를 즐기고, 40대는 골프장을 찾아다니고, 50~60대는 유적과 명승지를 찾아간다고 한다. 2016년부터 지금까지 일본의 유적지를 찾아다닌 이야기가 일본의 유적 탐방에 관심

있는 분들에게 조금이라도 도움이 되기를 바라는 마음에서 책으로 엮어 보았다. 전문가도 아닌 은퇴한 젊은(?) 할아버지의 이야기를 읽어 주시는 분이 계시면 그저 고마울 따름이다.

2019년 5월 30일
거제도에서 저자

훗카이도(北海道)

# 일본 최초의 국제도시인 하코다테(函館)

    하코다테(函館)시는 북해도의 제일 남쪽에 있는 도시로 일본 혼슈(本州)의 제일 북쪽의 아오모리(青森)시와 쓰가루해협(津輕海峽)을 사이에 두고 마주 보는 항구 도시다. 이 쓰가루해협의 바다 아래에는 해저터널이 있어서 기차가 다니는데, 이 터널은 참으로 사연이 많다. 우선 터널의 이름을 아오모리(青森)와 하코다테(函館)의 첫 글자를 따서 세이칸터널(青函터널)이라고 짓고, 1971년 착공하여 무려 17년의 난공사 끝에 1988년 3월 11일 개통하고 열차가 통행하였다. 이 터널의 길이가 53.85㎞로 당시로는 일본은 물론 세계에서 가장 긴 터널이었다. 이 기록은 2016년 11월에 스위스의 고트하르트(Gotthard)터널 (57.10㎞)이 개통되면서 깨졌다. 고트하르트터널은 알프스 산맥을 관통해 스위스 취리히와 이탈리아 루가노를 잇는 세계 최장의 터널이 되었다.

    우리나라는 KTX를 포함하여 모든 철로의 폭이 1.43m로 똑같지만, 일본은 그렇지 않다. 1872년 10월 도쿄(東京)~요코하마(橫浜)를 다니는 도요선(東橫線)이 개통된 후 여러 종류의 철도가 만들어져서 지금도 지역별로, 열차별로 철로의 폭이 달라서 운행이 까다롭다. 1988년부터 세이칸터널을 운행한 열차는 1.06m 좁은 폭의 철로를 달리는 재래선 열차였으나, 30년 후인 2018년에 철로의 폭을 1.43m로 넓혀서 지금은 고속철 신칸센(新幹線)을 운행한다. 그러나 원래 재래선용 터널이라서 터널이 좁고, 왕복 철로선 중간에 안전 방음벽을 만들 수 없어서 신칸센도 터널 내에서는 재래선 수준(시속 140㎞)으로 달린다. 그리고 이 신칸센을 하코다테에서 북해도의 중심 삿포로(札幌)까지 연장하는 공사가 지금 한창 진행 중이어서 머지않아 도쿄에서 신칸센을 타고 삿포로까지 갈 수 있게 될 것이다.

우리나라에서는 대한항공 등 여러 항공사가 인천, 부산에서 삿포로(札幌) 신치도세(新千歲)공항까지의 노선을 운행한다. 우리 부부는 북해도에서 10일 간의 여름휴가를 보내기로 했다. 그리하여 2018년 7월 신치도세 공항에 내려서, 우선 공항역에서 '북해도 JR패스 불연속 4일권'을 22,000엔씩 주고 구입하였다. 대부분의 JR패스가 연속해서 지정된 기간 내에 사용해야 하지만, 이 패스는 북해도 내의 모든 열차를 본인이 사용을 원하는 날 4일을 지정해서 사용할 수 있고, 객차는 지정석과 자유석을 모두 이용할 수 있는, 독특하고 아주 편리한 패스다. 북해도가 남한의 약 70%나 되는 넓은 땅이라서 관광객을 북해도에서 오래 체류하게 하려는 목적이다.

패스를 사면서 남치도세(南千歲)역에서 14시 01분에 출발하여 하코다테로 가는 특급열차인 '슈퍼하쿠토(Super北斗)호'의 지정석을 예약하였다. 직원이 요즘 여름 휴가철이라서 거의 만석이라고 하면서 우리 부부가 떨어져서 앉는 좌석표를 주었다. 삿포로시 남쪽에 있는 신치도세공항과 삿포로~하코다테 간을 달리는 간선철도는 바로 연결되지 않는다. 그래서 공항역에서 15분마다 있는 삿포로행 열차를 타고 한 정거장 가서 남치도세역에서 내려서(소요 시간 4분) 삿포로에서 출발하여 하코다테로 가는 특급열차로 갈아타야 한다. 우리가 남치도세역에 도착하니 하코다테행 열차의 출발 시간까지 30분이 남았다. 남치도세역은 아주 작은 역이고 대합실이 철로 위에 있으면서도 엘리베이터나 에스컬레이터가 없어서 짐이 있는 우리는 그냥 플랫폼에서 서서 기차를 기다렸다.

정확히 14시 01분에 남치도세역을 떠난 특급열차는 약 3시간을 달려서 예정대로 17시 09분에 종점인 하코다테역에 도착하였다. 일본에서는 고속 열차는 물론 완행열차까지도 거의 100% 정시 운행을 한다. 다만, 지진이 발생하면 그 지역을 운행하는 고속 열차(신칸센)는 일단 정차시키고 일반 열차는 저속 운행한다. 아마도 고속 열차는 달리다가 갑자기 설 수 없어서 대형 사고를 방지하기 위한 목적인 것 같다. 일본은 고속 열차와 일반 열차가 함께 이용하는 철도 구간이 전혀 없다.

하코다테역에 내리면 바로 이곳이 항구라서 비린내가 물씬 풍기며 역 바로 옆에 큰 수산시장과 새벽시장이 있다. 하코다테시는 일본의 근대사를 함께한 국제도시다. 도쿠가와 이에야스(德川家康)는 1603년 일본을 통일하고 에도(江戶, 도쿄)에 중앙집권적 막부 정권을 만들었다. 막부 정권은 우리나라 대원군처럼 대외적으로 쇄국정책을 펼치면서 서양 문물과의 최소한의 교류를 하기 위하여 1641년부터 규슈 나가사키(長崎)의 데지마(出島)라는 작은 인공섬에서 오직 네덜란드 상인과의 무역만을 허락하고 있었다. 그 이유는 네덜란드 상선은 기독교 선교사를 태우고 다니지 않았기 때문이다.

그로부터 200여 년이 지난 1853년 6월 네 척의 흑선(검은 군함)을 앞세우고 들이닥친 미국 페리 제독의 압력으로 1859년 규슈의 나가사키항과 북해도의 하코다테항을 국제무역항으로 개항하였다. 네덜란드의 무역 독점권은 없어지고 모든 외국과 무역을 하게 된다. 그렇게 한 이유는 서양인들이 일본 땅에 드나드는 것을 싫어한 에도막부가 개항지를 막부가 있는 에도(현, 도쿄)에서 제일 먼 곳(개항한 두 도시가 일본 열도의 제일 북쪽과 남쪽이다)으로 정했기 때문이라고 한다. 이렇게 개항한 최초의 두 국제도시에는 개항과 더불어 들어온 서양인들의 주거 시설, 사무실 시설, 종교 시설들이 건설되었고, 그 유적이 지금까지 많이 남아 있다.

## 서양 건물 유적

우리는 다음 날 아침에 역 옆에 있는 새벽시장에 가서 즐비한 해산물 식당 중 한 곳에 들어가서 아침 식사로 하이센동(해산물덮밥)을 먹은 후 개항 시대의 서양 건물들을 찾아 나섰다. 느리게 가는 전차를 타고 주지가이(十字街)역에 내린 후 언덕을 올라가니 항구가 잘 내려다보이는 곳에 1900년대 초에 서양인 거주자들에 의해서 지어진 서양 건물들이 모여 있었다. 지금 남아 있는 것은 주로 종교 건물들로, 가톨릭 모토마치교회(성당), 영국 성공회, 러시아 정교회 등이다. 당시에는 여러 나라의 영사관이 많이 있었을 것인데, 지금은 영국 영사관만이 보존되어서 기념관으로 사용되고 있었다.

이 언덕의 서양 건물 거리에서 특이한 점은 일본인이 서양 건물을 본떠서 지은 커다란 하코다테 공회당이 잘 보존되어서 지금도 가끔씩 음악회 등을 여는 장소로 사용되고 있는 것이다. 이 건물은 유럽식 우아한 건물을 동경하던 일본이 1870년대에 르네상스 양식의 목조건물로 지었다. 요즘으로 말하면 시민회관이다. 그러나 안타깝게도 1907년 8월에 하코다테에 큰 화재가 발생하여 이 목조건물도 전소되었다. 이후 일본인 상인 소마 텟헤이(相馬鐵平)가 기부한 5만 엔으로 1910년에 원래대로 다시 지었다. 공회당은 본관과 부속 건물로 이루어지며, 좌우대칭인 본관은 일왕이 1911년 8월, 1922년 7월, 2번 북해도를 방문했을 때 숙소로 썼을 정도로 난로와 샹들리에가 호화롭게 장식

1859년 프랑스 선교사들이 지은 가톨릭 성당

1912년 재건된 하코다테 공회당(시민회관)

되어 있다. 우리도 300엔씩 내고, 안으로 들어가서 1층과 2층을 둘러보았다. 2층 발코니에서 하코다테만과 모토마치 주변 마을을 한눈에 볼 수 있었다.

서양 건물들을 둘러보고 바닷가로 내려오니 옛날 항구 지역이 나왔다. 이곳은 1804년에 일본인이 바다를 매립하여 항구로 만들었고, 조선소도 있었다고 한다. 그 후 국제도시가 되면서 외국인 거류지가 이 근처에 모여 있었고, 서양 문물이 이곳으로 들어왔다고 한다. 서양인이 많이 살기 시작한 시기에 와타나베 쿠마시로(渡邊熊四郎)가 가네모리창고사(金森倉庫社)라는 회사를 설립하고 운하를 따라서 붉은 벽돌로 창고 건물을 여러 동 지은 후, 창고 임대 사업을 하였다. 또한, 가네모리양품점이라는 가게를 직접 열어서 외국에서 생활 잡화를 수입해서 팔았다고 한다. 그때 얼마나 많은 외국 물건이 들어왔는지 가네모리양품점의 물건이 큰 창고 2곳에 가득 있었다고 한다. 지금은 이쪽이 항구가 아니므로 선박도 들어오지 않고, 창고들은 모두 기념품점, 카페, 전시관 등으로 사용되고 있으면서 관광객을 유혹하고 있었다.

붉은 벽돌 창고들이 지금은 상가로 변신하였다

## 일본사의 슬픈 유적 고료카쿠성(五稜郭城)

　하코다테에는 260년간 지속된 에도막부가 무너지고 메이지 신정부가 들어서는 기나긴 과정에서 마지막 전투가 있었던 슬픈 현장이다(동족 간의 전쟁은 언제나 슬프다). 하코다테와 나가사키의 개항 이후, 외국인과 외국의 문물이 물밀듯이 들어오면서 혼란에 빠진 일본은 막부체제를 유지하려는 막부파와 막부를 타도하고 천왕을 중심으로 새로운 정권을 만들려는 존왕양이(尊王攘夷)파로 갈라지는 혼란기를 맞게 된다.

　혼란이 극심했던 이 시대에 시코쿠 남부 지역에 위치하는 도사번(현, 고치현)의 하급무사 출신인 사카모토 료마(坂本龍馬)는 평화적으로 왕정을 복구하여 근대국가로 가는 발판을 마련하고자 했다. 그는 '금문의 변' 이후 극렬한 대립관계에 놓여 있던 사쓰마번(현, 가고시마현)과 조슈번(현, 야마구치현)을 설득하여 삿쵸동맹을 어렵사리 결성하였다. 사카모토는 이 동맹의 군사력을 바탕으로 도사번 번주의 이름으로, 막부의 제15대(마지막) 쇼군(大將軍, 막부의 최고책임자)인 도쿠가와 요시노부(德川慶喜, 1866~1867)에게 국가 통치권을 천왕에게 돌려줄 것을 권고하였다. 결국, 쇼군은 1867년 10월 14일 천왕에게 통치권 반환을 신청하였고, 그다음 날 천왕은 이를 받아들였다. 이것이 대정봉환(大政奉還)이라는 평화적 권력 이양 사건이다.

　그러나 두 달 후인 1867년 12월 사카모토 료마는 막부 순찰대(아직까지 다른 설도 있다)에게 암살당하고, 막부 지휘부는 태도를 바꿔서 실질적인 정권 이양을 하지 않는다. 이에 삿쵸동맹군은 사쓰마번의 사이고 다카모리(西鄕隆盛)를 총대장으로 하여 교토의 막부군[1]을 토벌하고 쇼군이 있는 막부의 본거지 에

---

1　막부의 지휘부는 에도(현, 도쿄)에 있었지만, 천왕이 교토에 있었으므로 천왕과 번주(다이묘)를

도로 진격한다. 1868년 2월 에도의 우에노(上野)에서 막부군과 삿쵸동맹군의 전투를 시작으로 약 6개월간의 전투가 에도 주변에서 벌어진다. 이미 막부의 쇼군은 항복을 하고 다른 곳으로 떠났지만, 막부군의 장군 에노모토 다테아키(榎本武揚)는 항복하지 않고 동북 지방의 5개 번의 병력과 연합하여 저항한다. 9월이 되자 에도를 더 이상 지킬 수 없게 된 에노모토 연합군은 센다이(仙台)로 후퇴하여 또다시 저항하다가, 10월 센다이마저 빼앗기자 전함을 타고 북해도의 하코다테로 건너간다.

하코다테에 상륙한 에노모토는 고료카쿠성을 점령한 후, 아예 '에조(蝦夷)공화국'[2]을 선포하고 스스로 대통령에 취임한다. 그리고 메이지 신정부에 사신을 보내서 에조 정부를 인정하고 사이좋게 지내자고 한다. 메이지 신정부는 화가 나서 빨리 토벌하고자 했으나, 시기가 겨울인지라 북해도의 극심한 추위에 병력을 동원할 수가 없었다. 기다리던 봄이 오자, 신정부는 1869년 5월 11일 대규모 육해군을 보내서 하코다테의 바다와 육지에서 전투를 벌였고, 마침내 5월 18일 에노모토 등 장군의 대부분이 전사하고 고료카쿠성은 항복의 백기를 올린다. 이로써 엉터리 에조공화국은 7개월 만에 막을 내리고 신정부는 일본 전역을 통치하게 되었다. 일본 역사는 1년 내내 전투가 있었던 1868년이 보신년(戊辰年)이므로 이 내전을 보신전쟁(戊辰戰爭)이라고 부른다.

이 마지막 전투의 현장인 고료카쿠성은 없어지고, 지금은 일본에서 알아주는 늦은 벚꽃의 명소가 되었다. 고료카쿠 성터에는 벚나무가 무려 1,600그루 정도 있다고 하며, 다른 지역에서는 벚꽃이 모두 지는 4월 말에 피기 때문에

---

감시하기 위하여 막부 직할부대가 교토에 주둔하고 있었다.
2  당시는 북해도를 야만인의 땅이라는 의미의 에조라고 불렀다.

더욱 돋보인다. 성내의 건물과 성벽은 다 없어졌지만, 독특한 5각형 모양의 성의 형태와 해자(성을 둘러싼 물길)는 보존되고 있다.

메이지 정부군과 막부군 간의 마지막 전투가 있었던 고료카쿠 성터

이곳의 독특한 축성법을 잘 볼 수 있도록 성터 옆에 타워를 세웠다. 타워 꼭대기 층의 전망대에는 하코다테 개항부터 보신전쟁의 과정을 날짜별로 그림과 글로 자세히 설명하는 '고료카쿠 역사회랑'이라는 전시장이 있다.

그곳에 안내되고 있는 내용 중 중요한 사항 몇 가지만 적어 본다.

1854년 3월 미일화친조약 체결, 하코다테 개항 결정
1854년 4월 미국 함대가 하코다테항에 입항,
미국 군함 위에서 페리제독을 영접
1857년 6월 고료카쿠성 건설공사 시작

1864년 9월 고료카쿠 성곽 완성

1868년 4월 메이지 신정부가 고료카쿠성에 하코다테부 설치

1868년 10월 26일 막부군 고료카쿠성 점령

1869년 5월 18일 막부군 항복, 고료카쿠 개성(開城)

1871년 4월 고료카쿠성의 건물 해체 시작(메이지 정부의 명령)


그럼 왜 일본에 일본식이 아닌 이러한 성이 생겼는가? 고료카쿠와 같은 별
모양의 성은 전쟁이 많았던 유럽에 있었다고 한다. 이런 모양의 성은 방어하
는 쪽에서 총을 쏠 수 없는 사각지역이 최소화된다고 한다. 고료카쿠에 성을
설계하라는 명령을 받은 난학(蘭學, 네델란드의 산업, 문화 등을 연구하는 학문) 연구
자 다케다 아야사부로(武田斐三)는 프랑스인이

주고 간 책에서 유럽의 성곽도시들을 보고,
이를 모델로 하여 별 모양의 성을 설계하였다
고 한다.

성의 면적은 251,000㎡, 해자 둘레 약 1.8㎞
다. 북해도 정부는 고료카쿠성의 복원 계획을
가지고 있어서 복원 모형도를 고료카쿠타워
전망대에 전시해 놓았다. 고료카쿠타워 전망
대는 시야도 좋아서 먼 곳까지도 잘 보인다.
입장료는 900엔이다. 일본은 1000엔부터 지
폐이고, 500엔까지는 모두 동전이라서, 여행
을 하다 보면 일본 동전 500엔이 마치 한국 동
전 500원처럼 느껴져서 헤프게 써진다.

고료카쿠 성터를 조망하는 타워

고료카쿠에서 시내버스를 타고 20분 정도 동쪽으로 가면, 프랑스 천주교에서 만든 일본 최초의 수녀원이 있다. 수녀원 이름은 트라피스핀 수녀원이고, 처음에는 프랑스에서 온 8명의 수녀로 시작하였지만, 지금은 80여 명의 수녀가 생활하고 있는 일본에서 제일 큰 수녀원이다.

# G8 정상회담이 열렸던 도야(洞爺)의 자연유적

　북해도의 대도시 삿포로(札幌)와 하코다테(函館) 간의 열차 라인의 정중앙에 도야(洞爺)역이 있다. 삿포로역에서 특급열차를 타면 2시간이 걸리고, 하코다테역에서 특급열차를 타도 2시간 걸린다. 도야역은 인근에 있는 도야코 호수 마을을 가기 위한 역이다. 시골의 역치고는 아주 훌륭한 건물이다. 역전에서 30분마다 오는 버스를 타고 25분 정도 들어가면 호수가의 온천 마을에 도착한다. 도야코 호수는 약 10만 년 전에 화산 폭발로 생긴 호수로서 북해도의 호수들 중 제일 크고, 호수 주변의 산들은 지금도 왕성하게 화산활동을 하고 있다.

둘레 약 43㎞의 칼데라 호수, 도야호수

## 소화신산(昭和新山)과 유주산(有珠山, 우스잔)

우리는 초등학교 시절부터 산(山)은 지구 표면이 솟아 올라와서 만들어진 것이라고 배웠다. 그러나 땅이 솟아 올라와서 산이 되는 모습을 그 당시에 본 사람이 있을까? 이곳에 있다! 도야코 호수에서 시내버스를 타고 15분쯤 가서 소화신산(昭和新山) 종점에서 내리면 유명한 소화신산을 가까이서 볼 수 있으며, 여기서 로프웨이를 타고 올라가면 활화산인 유주산의 모습도 볼 수 있다. 버스가 2시간 간격으로 있으므로 버스시간을 잘 맞추어서 다녀와야 한다.

소화신산이라는 산은 유주산 아래의 평지가 지금 살아 있는 사람들의 눈앞에서 솟아올라서 작은 산이 된 것이다. 지금은 공원으로 만들어진 평지의 한 부분이 1943년(소화 18年) 12월부터 조금씩 솟아올라 2년 후에는 지금과 같은 바위산이 되었다. 지금도 바위 사이에서 연기가 나오고 있다. 살아 있는 자연의 신비에 마음이 숙연해진다. 이 바위산이 일본 연호 '소화' 시대에 새롭게 태어났다고 '소화신산(昭和新山)'이라는 이름을 붙였다.

산이 솟아나던 1943년이 평화 시대였으면 전 세계에서 지질학자, 방송사가 모여들어서 대단했겠지만, 그때가 일본과 미국의 태평양전쟁이 가장 치열했던 때라서 이곳에 대한 과학적 연구에 신경을 쓸 수 없었다. 이를 안타깝게 여긴 이 지역 우체국장(당시 55세) 미마쓰 마사오(三松正夫)가 매일 이 산이 솟아나는 모습을 사진으로 찍어 두고 일지를 기록하여 전쟁 후에 귀중한 자료가 되게 하였다.

이분은 우체국장 직을 끝으로 퇴직한 후 남은 생을 화산 연구에 몰두하였으며 1977년에 사망하였다. 사망 10주기가 되는 1988년에 그의 기념관을 건립하여 연구 자료를 전시하였고, 소화신산 생성 50주년이 되는 1993년에 소화신산 앞에 그의 동상을 건립하였다. 우체국장을 비롯한 이 지역의 사람들은 자기 눈으로 지구의 평지가 솟아올라 산이 되는 과정을 생생하게 보는 신비한 과학적 체험을 한 것이다.

1943년에 생긴 해발 402m의 소화신산

소화신산 옆에 있는 화산 자료관 건물에서 유주산 정상으로 올라가는 로프웨이를 1인당 1,600엔(왕복)을 주고 탔다. 가격이 꽤 비싼데도 일본인들과 외국인들이 길게 줄을 서서 한참을 기다린 후에 탔다. 상부 정류장에 내려서 500m쯤 걸어가니 연기가 나는 유주산 분화구를 볼 수 있었다.

소화신산 연구를 계기로 평생 화산을 연구한 우체국장의 동상

이 산은 역사상 여러 번 크게 분화하였으며, 20세기에 4번(1910, 1943, 1977, 2000)이나 분화하여 세계에서도 희귀한 활화산으로 여겨지고 있다고 한다. 가장 최근인 2000년 분화로 정상의 높이가 60m 낮아졌다고 하며, 우리가 보고 있는 것이 그때 만들어진 분화구였다. 일본은 워낙 활화산이 많아서 연기 나는 분화구를 여러 번 보았기 때문에 분화구보다는 소화신산을 본 것이 더욱 감동적이었다.

2000년 3월 분화 이후 지금도 연기가 나는 유주산 분화구

이 도야호 마을(洞爺湖町)은 인구가 9,117명(2017년 3월 31일 자)에 불과한데 2008년 7월 7일부터 7월 9일까지 '제34회 G8정상회담'이 열렸다. 이때 참석한 정상들이 이 자연의 신비를 참관하고 돌아갔다. 아마도 이런 자연의 신비를 보여 주려는 일본의 의도가 있었으리라 생각한다. G8정상회담 덕분에 호숫가에는 5성급, 4성급 호텔이 생겼고, 지금도 많은 외국인이 찾아와서 거리가 꽤나 번화하다. 이곳의 모든 호텔에 공급되는 물은 온천물이라고 한다. 우리는 버스를 타고 와서 호수 마을에 내릴 때, 큰 호텔이 많은 것을 보고 깜짝 놀랐다. 여기 오기 전까지는 여기서 정상회의가 개최되었다는 사실을 몰랐다.

이곳 관광협회에서는 매년 많은 관광객이 내방하는 것에 대한 감사 인사로 1년 내내 매일 밤 8시 45분부터 20분간 호수 위에서 불꽃놀이를 보여 준다. 우리 방이 호수 쪽이라서 방 안에서도 볼 수 있었지만, 밖으로 나가서 호숫가에 바짝 붙어서 보았더니 나이 든 우리들도 너무 재미있어서 소리를 질렀다. 하늘 위에서 터지는 불꽃과 달리 호수(물) 위에서 터지는 불꽃은 색다른 감흥을 주었다. 인구가 만 명도 안 되는 시골 마을에 연간 관광객이 300만 명 이상 찾아오니 매일 화약 값 좀 써도 되겠다.

도야호수에서 매일 밤 열리는 불꽃놀이

# 북해도대학과 눈축제의 삿포로(札幌)

　홋카이도(北海道)의 도청이 있는 삿포로(札幌)는 인구 190만 명의 대도시로 여름에는 각종 꽃이 만발하고, 겨울에는 세계 3대 축제라는 유키마쓰리(雪祭), 눈과 얼음의 축제가 시내 한가운데서 벌어진다. 북해도가 인구는 적지만 우리나라 남한의 약 70%나 되는 워낙 큰 면적이라서 도(道)라는 특별행정구역으로 지정되었다. 따라서 일본의 전국 행정구역은 도쿄도(東京都), 북해도(北海道), 오사카부, 교토부 그리고 43개의 현이다. 이를 도도부현(都道府懸) 체제라고 한다.

　우리는 북해도에 여러 번 갔었다. 우리나라 서울과 부산에서 오래전부터 여러 항공사가 북해도 노선을 운행하고 있고, 최근에는 대구에서도 북해도로 가는 항공편이 생겼다. 북해도를 방문하는 외국인 관광객들 중에서 우리 한국인이 제일 많다고 한다. 그 이유는 우리나라 어느 도시에서 출발해도 2시간 정도의 비행시간이면 도착할 수 있고 일반 관광객 외에도 여름에는 시원한 장소를 찾아서 골프하러 가는 골퍼가 많으며, 겨울에는 눈이 많이 오는 북해도의 설질 좋은 스키장에서 스키를 타고자 많은 스키어가 방문하기 때문이다. 우리 부부도 스키를 타기 위하여 겨울에 북해도 스키장을 3번 찾았다.

　삿포로의 신치도세(新千歳) 공항에 내려서 삿포로로 이동하는 방법은 기차가 제일 편해서 15분마다 출발하는 에어포트호를 타면 약 40분 후에 삿포로역에 도착한다. 이 열차는 삿포로를 지나서 오타루(小樽)까지 운행한다. 또한 겨울에는 스키장을 가는 스키어를 위하여 특별버스가 있다. 스키장이라는 것이 도시에서 멀리 떨어진 산속에 있어서 대중교통이 없으므로, 공항에서 각 스키장을 직행하는 리조트라이너라는 버스를 겨울철에만 운행한다.

우리는 삿포로역에 도착하였다. 이 역은 대형쇼핑센터와 다이마루백화점이 같이 있는 삿포로의 패션 중심지다. 삿포로역은 매우 복잡하기 때문에 가고자 하는 방향이 남쪽 출구인지, 북쪽 출구인지를 알고 나가야 되고, 지하철을 타는 경우 타고자 하는 노선을 잘 찾아가야 한다. 지하철 노선이 단 두 개뿐인데, 지하철을 타는 입구가 좌우로 멀리 떨어져 있고 서로 연결되지 않는다. 남쪽 출구부터 오도리공원까지 지하로 쇼핑 아케이드가 쭉 이어져 있다.


## 북해도대학

북쪽은 남쪽에 비하여 덜 번화하지만, 여기에 유명한 북해도대학이 있다. 삿포로역 북쪽 출구로 나와서 5분 정도 걸으면 도착할 수 있다. 우리나라 유학생도 많으며, 넓은 구내에는 수목이 울창하고 박물관이 잘 되어 있어서 이 또한 유명하다. "식당 개 3년에 라면을 끓인다." 나도 대학에 9년 근무했으니 북해도대학을 먼저 가 보기로 한다. 북해도대학은 도쿄대학, 교토대학, 오사카대학, 규슈대학 등과 함께 일본 최고의 명문대학으로 꼽는다. 북해도대학은 1876년 7월(메이지 9년)에 넓은 북해도에서 농업을 개척하려는 목적으로 세워진 삿포로농업학교가 전신이다. 초대 교장으로 미국 매사추세츠 주립 농과대학장인 윌리엄 S. 클라크(William S. Clark) 박사를 초빙하였고, 개교 당시의 학생 수는 겨우 24명이었다고 한다.

북해도대학의 박물관

　이 대학의 교수들과 학생들은 화학과 스즈키 아키라(鈴木章) 교수가 2010년 노벨화학상을 받은 데 대한 프라이드가 대단하다. 특히 스즈키 교수는 북해도대학에서 학부를 졸업하고 박사학위까지 취득한 분이기 때문에 동문 따지기를 좋아하는 일본(한국도 지지 않는다)에서는 더욱 그렇다. 대학교에 들어갔더니 외부인에게 개방된 것은 식당과 박물관뿐이라서 학생 식당을 한번 둘러보고 박물관 안으로 들어갔다. 박물관에는 스즈키 교수의 노벨상 코너가 크게 따로 있어서 여러 가지 설명 내용과 자료를 볼 수 있었다. '방향제의 화합물을 어쩌고저쩌고하여 획기적인 합성법을 연구한 공로'로 노벨상을 받았다고 설명하고 있었지만, 나는 고등학교 때 화학 과목이 제일 싫었기 때문에 무슨 이야기인지 도통 알 수 없었고 눈으로 보는 것만으로도 머리가 아팠다.

북해도대학을 구경하고 나와서 걸어서 오도리공원 앞까지 갔다. 오도리 공원은 눈축제할 때 와서 보던 모습과는 완전히 다른 얼굴로 우리를 맞이하였다. 꽃이 만발하여 눈이 모두 꽃으로 변한 것 같았다. 만발한 꽃밭 뒤에는 큰 시계가 붙어 있는 TV타워가 눈축제 때 본 모습 그대로 우뚝 서 있었다.

삿포로 시내의 오도리 공원,
겨울에는 여기서 눈축제가 열린다

## 삿포로돔과 히쓰지가오카(羊か丘)

삿포로시 남쪽에는 유명한 삿포로돔과 히쓰지가오카라는 도시 속에 양떼 목장이 있다고 하여서 찾아가 보기로 하였다. 지하철 토호선(東豊線)을 타고 후쿠즈미역(福住駅)에 내려서 10분 걸어가니 일본 프로야구 닛폰햄의 홈구장인 삿포로돔이 나왔다. 워낙 웅장해서 멀리서도 보인다. 이 돔구장은 2001년 6월에 문을 열었고, 세계 최초로 야구와 축구를 같이할 수 있도록 만든 겸용구장이다. 평소 실내는 야구장(인조 잔디)으로 사용되고, 밖에는 천연 잔디의 축구장이 잔디를 양생하고 있다. 그러다가 축구를 할 때는 돔 밖에 있는 축구장이 통째로 돔 안으로 들어가서 야구장 위에 올라타게 된다. 2002년 한일 월드컵의 일부 경기도 여기서 열렸다.

세계 최초로 야구장과 축구장을 겸용하는 삿포로돔

삿포로돔의 뒤편에는 생뚱맞게 양떼목장이 있다. 이름도 어려운 '히쓰지가
오카(羊ヶ丘)'다. 일본어 발음은 언제 들어도 기억하기 어렵다. 이 단어의 뜻은
'양의 언덕'이다. 실제로 이 목장의 건물들은 언덕 위에 있어서 양들이 놀고
있는 목장 건너로 멀리 삿포로 시내가 보이고 삿포로돔이 바로 앞에 있는 것
처럼 보인다.

우리는 삿포로돔을 보고 난 후에 양떼목장에 가기로 했다. 삿포로돔에서
양떼목장까지 걷기는 거리가 좀 멀어서 지하철 후쿠즈미역(福住駅)으로 돌아
와서, 지하철역 옆에 있는 버스터미널에서 히쓰지가오카행 시내버스를 탔다.

15분 후에 버스는 농장 안으로 들어가서 건물들이 있는 언덕에 도착하였다
(종점). 그런데 하차한 사람들이 볼거리가 있는 곳으로 가지 않고, 조그만 경

비실 같은 곳에 줄을 서 있었다. 내가 왜 여기서 줄을 서 있느냐고 물어보니 입장료를 내는 것이란다. 우리도 맨 뒤에 줄을 서서 입장료로 1인당 520엔씩을 냈다. 일본인들이 규칙을 자발적으로 잘 지키고, 줄도 잘 서고, 관광지에 쓰레기를 버리지 않는 것은 우리가 배울 필요가 있다.

이 목장은 삿포로농업학교 (현, 북해도대학) 부설 농업시험장이 있던 곳으로 1959년부터 약 2,000마리의 양을 키우고 있다고 하며, 부대사업도 활발하다. 목장 안에 예쁜 행사용 건물을 지어서 결혼식도 많이 유치한다고 한다. 또

양떼목장 건너편으로 멀리 삿포로돔과 삿포로 시내가 보인다

한 양고기를 파는 식당도 있었다. 우리는 양고기를 좋아하는데, 식사 때가 아니라서 아이스크림만 하나씩 먹고 전망대와 기념품점 등을 둘러보았다. 전망대 앞에는 북해도대학의 초대 교장인 클라크 박사의 동상이 큼직하게 서 있었다. 이 목장은 삿포로농업학교의 부속 시설이었으므로 클라크 박사는 이 목장의 설립자라고 할 수 있다. 동상에는 이분의 유명한 어록인 'Boys Be Ambitious'가 큼직하게 새겨져 있다.

이 목장은 여기가 허허벌판일 때 만들어졌다. 지금은 도시의 확장으로 시내의 한 복판에 있게 되었는데, 그 상태대로 유지하는 것이 부러웠다. 우리나라 같으면 양의 배설물 냄새가 난다고 외곽으로 이전하라고 데모했을 것이다.

## 야경과는 인연이 없다

삿포로돔과 히쓰지가오카를 보고 난 후에 우리는 삿포로 시내로 나와서 야경이 좋다는 모이와산(藻岩山)을 올라가기로 하였다. 전망대에 있는 프랑스식 레스토랑에서 저녁도 먹으면서 느긋하게 야경을 볼 생각이었다. 관광안내서에는 황홀한 야경이라고 쓰여 있었다. 스스키노 사거리 전차 정류장에서 노면전차를 탔는데 어찌나 천천히 가는지 사람이 뛰어가면 더 빠를 것 같다. 전차 안에는 앞으로 타야 할 전망대 로프웨이 할인권이 있어서

북해도대학(삿포로농업학교) 초대 교장
클라크 박사의 동상

냉큼 챙겨 놓았다(로프웨이도 교통수단이라서 비용이 비싸다).

20분 후에 로프웨이 이리구치(Ropeway入口)에 내렸더니 그곳에서 전망대 로프웨이를 타는 곳까지는 무료 셔틀버스가 있었다. 셔틀버스를 5분 탄 후 내리니 로프웨이 매표소 건물이 나왔다. 1인당 1,500엔 하는 왕복표를 전차에서 얻은 할인권으로 200엔씩 할인받았다. 그런데 흐렸던 날씨가 가는 비를 뿌리기 시작한다. 전망대에 올라가니 안개도 꼈다. 비상시를 대비하여 항상 들고 다니는 작은 우산을 폈다. 그리고 흐리게 보이는 시내 경치를 뒤로 하고 사진을 한 장 찍었다. 아! 아까운 입장료(로프웨이 요금)!

하코다테에 있을 때도 저녁에 일본 제일의 야경이라는 '하코다테산에서 보는 야경'을 즐기려 버스를 타고 전망대를 찾아갔다. 전망대에 도착하니 안개가

이슬비가 오는 모이와산 전망대

짙게 껴서 바로 앞도 보이지 않았다. 일본 제일의 야경이라는 말에 다음 날 저녁에 또 버스를 타고 갔다. 산 위에 도착하니 아예 비가 주룩주룩 내리는 것이었다. 아쉬운 대로 500엔 내고 보는 비디오 상영관에서 야경 이야기를 보는 것으로 만족하고 내려왔다. 우리는 야경하고는 궁합이 잘 맞지 않는다.

야경도 보지 못하는데 비싼 양식을 먹을 이유가 없어서 전망대 기념품점에서 귀국 선물용으로 북해도 라면 몇 개와 밀크캐러멜(북해도 우유가 유명해서 북해도 캐러멜도 유명하다) 몇 봉지를 사서 역순으로 숙소로 돌아왔다. 우리 숙소가 삿포로역 옆에 있었으므로, 숙소로 들어가기 전에 삿포로역에 붙어 있는 다이마루백화점 지하 식품점에 가서 초밥, 생선회, 요리한 장어, 김치, 니혼슈(日本酒, 정종)를 사서 숙소에서 먹으니 프랑스 요리보다 더 만족스러운 저녁 식사였다.

일본의 식당 음식 중에서 생선회, 장어구이, 고기구이 등은 비싸고, 대중적인 돈가스, 카레, 덮밥 등은 우리나라보다 저렴하다. 나는 생선회와 초밥을, 안식구는 장어를 좋아하는데, 일본 식당에서 생선회, 장어 등을 먹으면 많이 비싸고, 비싸니깐 실컷 먹지를 못해서 아쉽다. 그러나 숙소 근처에 백화점이 있으면 지하식품관에 가서 싱싱한 초밥, 생선회, 장어 등을 구입해서 숙소에서 먹으면 싼 가격에 넉넉하게 먹을 수 있다. 특히, 백화점이 문을 닫기 한 시간 전인 저녁 7시부터는 20~40%씩 할인해 해 준다. 계산할 때 젓가락, 와사비, 간장 등을 다 챙겨 준다. 다만 장어는 잘려져 있지 않으므로 나는 항상 작은 과도를 여행 가방 속에 가지고 다닌다.

## 유키마쓰리(雪祭)

우리 부부는 2017년 2월 6일부터 삿포로에서 2시간 30분 정도 떨어져 있는 니세코 스키장에서 스키를 타고 있었다. 우리가 평창 스키장을 가면 제일 고령자급인데, 일본 스키장에는 은퇴한 노인이 스키를 타러 많이 오기 때문에 노인이 참 많다. 우리보다 훨

프랑스팀이 출품한 개선문, 프랑스 국기와 일본국기가 세워져 있다

씬 연장자로 보이는 분도 많다. 우리는 마침 삿포로 유키마쓰리 기간에 스키장에 있었기에, 예정보다 하루 일찍 퇴실하고 세계 3대 축제라는 유키마쓰리를 보러 갔다. 세계 3대 축제는 브라질 리오축제, 독일 뮌헨의 옥토버페스티벌(맥주

축제), 그리고 삿포로 유키마쓰리
(눈축제)라고 한다.

여름에 꽃이 만발했던 오도리
공원(大通公園)에는 눈으로 각종
조형물들이 만들어져 있고 아직
도 만드는 팀도 있었다. 국제적
축제여서 국가의 이름을 걸어 놓
은 작품도 많이 있었다. 축제장
에는 한국인 단체관광객도 많아
서 여기저기서 한국말이 들려왔
다. 오도리공원이 시내 몇 블록

마카오팀이 작품을 마무리하고 있다

에 걸쳐서 길게 조성되어 있는 공원이라 행사장도 매우 길어 한 번 쭉 걸어서
끝까지 갔더니 다리가 아파서 그만 보고 싶어졌다. 유키마쓰리는 1950년에
시작되었다고 하니 역사가 꽤 오래되었다. 마쓰리는 세계 각국에서 참가를
희망하는 팀이 참가 신청을 하고 지정된 날짜에 와서 자기 작품을 만드는 것
인데, 주로 세계에 잘 알려진 자기 나라의 독특한 것을 제작한다. 우리나라도
몇 년 전에 참가하여 경복궁 건물을 제작했었다고 한다.

숙소에서 쉬었다가 저녁은 북해도 명물인 징기스칸을 먹으러 갔다. 징기스
칸은 북해도산 양고기를 구어 먹는 요리다. 스스키노의 다루마식당이 유명하
다고 해서 갔는데, 줄을 어찌나 길게 서 있는지 1시간 이상 기다려야 입장할
수 있다고 하여 포기했다. 근처의 이자카야(居酒屋)에 들어가서 저녁 겸 안주
를 먹고, 스스키노 사거리에 진열되어 있는 아름다운 얼음 작품을 감상했다.
이 얼음 작품도 유키마쓰리의 한 부분이다.

# 아사히카와(旭川)와 후라노(富良野)의 라벤더

아사히카와(旭川)는 북해도의 중앙에 있는 제2의 도시로, 2018년 1월 기준 인구는 33만 명이다. 제3의 도시인 하코다테는 인구가 25만 명인데, 우리가 받는 느낌은 하코다테가 훨씬 번화하고 생동감이 있다. 하코다테는 혼슈와 가까운 항구도시로 에도 시대부터 중요한 지역이었고, 아사히카와는 그 당시 황무지였고 1893년부터 이주민이 정착해서 나무를 벌목했다고 한다. 원래 북해도라는 지역은 아이누족이 물고기를 잡아서 먹고 살던 땅이었는데 일본이 점령하고 개척한 것이다. 그래서 일본인은 북해도를 야만인이 사는 땅이라고 에조(蝦夷)라고 불렀다.

북해도의 면적은 우리나라 남한의 약 70%에 해당하는 83,000㎢로 엄청 크지만 인구는 547만 명으로 서울 인구의 반도 안 된다. 일본 메이지정부 시절 1876년에 삿포로에 북해도농업학교 (현, 북해도대학)를 세우면서 북해도 내륙의 평야와 산림을 개척하고자, 혼슈(本州)의 주민을 북해도

2011년에 신축한 아사히카와 역사

로 이주시키기 시작하였다. 그리하여 아사히카와가 내륙 개척의 중심 도시가 된 것이다. 우리는 오전에 삿포로역에서 30분마다 출발하는 특급열차를 타

고 1시간 25분 후에 아사히카와역에 도착하였다. 아사히카와역은 새로 지은 역사로서 엄청 크고 깨끗한 데 비해 사람은 없어서 휑하니 쓸쓸한 느낌이 들었다. 역사에는 일본에서 제일 큰 마트인 이온몰(Aeon Mall)이 있었다.

아사히카와는 유적지나 관광지가 별로 없고, 유명한 것은 아사히야마 동물원뿐이라서 그런지 관광안내소에 직원은 안 보이고, 동물원 가는 버스 시간표를 벽에 크게 붙어 놓았다. 우리도 갈 것이므로 휴대폰으로 시간표를 찍었다. 후라노에 가서 라벤더 꽃밭도 볼 예정이므로 역사무실에서 임시 열차의 시간표를 받았다. 아사히카와~후라노 간을 운행하는 JR지선인 후라노선의 열차는 모두 낡은 완행열차이고, 그나마 드문드문 열차가 있는데, 라벤더가 피는 7~8월에는 시설이 좋은 임시 열차를 운행한다.

역에서 숙소까지 걸어서 갔다. 짐을 풀고 오늘 남은 시간에 시내에서 뭘 해보려고 해도 정말 할 만한 것이 없었다. 다행히 우리 호텔에 온천이 있어서 목욕을 하고, 뭔가 아사히카와의 추억이 될 만한 것을 찾아보다가 스모 선수들이 덩치를 키우기 위하여 먹는 창고나베(ちゃんこ鍋, 고기 해산물 등이 많이 들어간 전골요리)를 잘하는 아주 오래된 식당이 있다는 것을 알았다. 그곳에서 저녁을 먹기로 결정하고, 프런트에 물어보니 숙소에서 그다지 멀지 않아서 걸어서 찾아갔다. 도착하니 오래된 큰 이층집이고 '北の富士さくら屋'(기타노후지사쿠라야)라는 상호가 가정집 문패처럼 작게 쓰여 있었다. 방도 많고 손님도 많았다. 메뉴는 오직 창고나베뿐인데 그 안에 들어가는 내용물에 따라서 종류도 참 많았다. 우리 부부는 소고기를 주재료로 하는 가장 작은 것을 주문했는데도 많은 양이 나와서 '여기가 일본 맞나?' 하고 놀랐다. 일본 여행을 많이 해서 음식의 양이 적은 것에 익숙해져 있는데 이렇게 많이 주다니!

## 후라노 라벤더 농장

노롯코 임시열차, 창문은 없고
천장에 예쁜 장식을 했다

  아침에 일어나니 날씨가 매우 좋았다. 날씨가 좋은 날 라벤더 농장에 가는 것이 좋을 것 같아서 후라노(富良野)를 먼저 가고 다음 날 동물원에 가기로 일정을 바꿨다. 아사히카와역에서 10시 29분에 출발하는 임시 쾌속열차를 탔다. 이 임시 열차는 깨끗하고 좀 빨랐다. 11시 32분에 7~8월에만 정차하는 임시역 '라벤더바타케(畑)' 역에 정차하니 많은 승객이 우르르 하차했다. 기차에서 내린 사람들과 같이 10분 정도 걸어가니 '팜도미타(Farm富田)농장'이 보였다. 이날이 일요일이어서 사람이 매우 많았다. 자가용으로 온 사람들의 자동차가 큰 주차장에 넘쳤고, 삿포로역에서 직접 후라노로 오는 임시 특급열차를 타고 온 사람들도 있었다. 농장은 여기 말고 다른 곳에도 많이 있는데, 이 농장이 제일 크고 잘 알려져서 그런 것 같다. 이곳 임시역에서 내리지 않고 더 가서 나카후라노(中富良野)역이나 종점인 후라노역에서 내려도 근처에 라벤더 농장이 많이 있다.

  시간이 12시가 넘었으니 점심시간이고 식당도 제법 큰 것이 몇 개 있는데, 사람들이 줄을 길게 서고 시장같이 바글거렸다. 우리는 아사히카와역을 출발할 때 여기의 식당 상태가 어떤지를 몰라서 안전하게 역에서 에키벤(역에서 파는 도시락)과 음료수를 준비해 왔으므로 기념품가게 옆의 야외 탁자에 펴 놓고 느긋하게 먹었다.

  우리가 간 날이 7월 8일이었는데도 라벤더가 덜 피어서 파랗게 되지 않은 꽃밭도 많았다. 만일 새파란 라벤더 밭을 보기 위해 간다면 7월 중순 이후에

가는 것이 좋을 것 같다. 라벤더 밭을 실컷 본 우리는 오전에 내렸던 라벤더 바타케 임시역으로 가서 임시 열차 '노롯코호'를 타고 돌아왔다. 노롯코 열차는 객차의 벽에 창문이 없고 비를 피하기 위하여 커다란 비닐만을 늘어뜨려 놓아서 마치 온실 속에 앉아 있는 것 같았다. '노롯코'의 뜻은 '창문을 고정시키지 않았다'인데 영어 'No Lock'의 일본식 표현이다.


## 아사히야마 동물원(旭山動物園)

다음 날도 날씨가 좋았다. 아사히카와시가 자랑하는 아사히야마(旭山) 동물원을 가는 날이다. 역전 버스 정거장에서 9시 40분에 출발하는 시내버스를 탔다. 동물원은 종점이고 40분이 걸렸다. 버스가 동물원 정문 가까이 정차해서 바로 입장할 수 있었고, 입장료는 820엔이었다. 평일이라서 사람들이 그렇게 많지는 않았다. 동물원이므로 당연히 어린이가 많았지만 어린이 없이 어른들끼리 온 일본인도 꽤 많았다. 이 동물원은 일본의 수많은 동물원 중에서 가장 자연친화적으로 운영되는 동물원이라고 한다. 입장객 순위로는 전국 동물원 중 2위인데, 1위가 도쿄 시내에 있는 우에노 동물원인 것을 감안하면 사실상 여기가 1등이다.

이 동물원에는 외국에서 수입해 온 북극곰과 일본 북해도 북동부의 시레토코(知床) 반도에서 자생하고 있는 불곰이 있어서 서로 비교된다. 시레토고 반도는 사람이 접근하지 못하는 험한 지역으로 동식물의 보고라고 한다. 2005년 세계자연유산으로 지정되었다. 우리는 동물원 구경을 잘 마친 후, 다시 시내버스를 타고 숙소로 돌아갔다.

숙소에서 온천 목욕을 하고 쉬다가 저녁에는 이온몰(Aeon Mall)에 가서 장어, 초밥, 김치, 생선회 등을 사와서 숙소에서 잘 먹었다. 김치는 일본에서 만든 김치라서 달달했다. 일본은 슈퍼마켓에서도 외국인이 5천 엔 이상 사면 소비세 8%를 즉석에서 공제해 주지만 여기에 조리한 음식물은 해당되지 않았다. 우리나라 부가가치세율에 해당하는 일본 소비세율이 현재는 8%인데, 2019년 10월 1일부터 10%로 오른다고 한다. 여행 비용이 조금 더 들겠다. 내일 아침에는 아사히카와 3박 4일 일정을 마치고 삿포로로 돌아간다.

아사히야마 동물원 입구

혼슈(本州)

# 에도막부의 설립자인 도쿠가와 이에야스의 사후 궁전
## - 닛코(日光)의 도쇼구(東照宮)

　　일본사의 15세기 중반~16세기 후반의 기간은, 일본 열도가 100개 넘는 번국(藩國)으로 나누어져서 100여 년간 서로 영토 확장을 위한 싸움을 했다. 이를 중국의 춘추전국 시대(春秋戰國時代)와 똑같다고 해서 전국 시대(戰國時代, 센고쿠 시대)라고 한다. 오와리번(尾張藩, 현재 아이치현의 서부)의 번주였던 오다 노부나가(織田信長, 1534~1582)는 일본 통일의 꿈을 가지고 주위의 국가들을 하나씩 합병하고, 1573년 수도 교토로 진출한다.

　　얼마 후 오다 노부나가가 주고쿠(中國) 지방(혼슈의 남서부 지역)의 통일을 위하여 교토의 혼노지(本能寺) 절에 여장을 풀고 있을 때, 영지 변경에 불만을 품은 부하인 아케치 미쓰히데(明智光秀)의 습격을 받고 48세의 젊은 나이로 사망하였다. 이때 그의 심복인 도요토미 히데요시(豊臣秀吉)는 시코쿠(四國) 지방을 통일하기 위하여 다카마쓰(高松)에서 전쟁 중이었다가 급거 교토로 올라와서 오다 노부나가의 후계자가 되고, 일본을 통일하는 전쟁을 계속해 나간다. 마침내 그는 1587년 반대 세력을 모두 굴복시키고 일본을 통일하였다. 도요토미 히데요시(豊臣秀吉, 1536~1598)는 일본을 통일하고, 5년 후인 1592년 조선 정벌(임진왜란)에 나섰다가 실패하고, 교토 인근의 후시미(伏見)성에서 62세의 나이로 죽는다.

　　도쿠가와 이에야스(德川家康, 1542~1616)는 도요토미의 부하였는데, 그의 세력이 점점 커지는 것을 두려워한 도요토미는 하마마쓰성(浜松城, 시즈오카현 하마마쓰시)을 영지로 가지고 있는 도쿠가와를 교토에서 멀리 보내고자 에도(현, 도쿄) 지역을 개척하여 영지로 삼을 것을 명한다. 당시 에도는 어부들이 물고기를 잡아서 먹고사는 해안가 늪지대였고, 지배자가 입주할 성(城)은 물론 시가지 자체가 없었다. 따라서 도쿠가와의 부하들은 모두 저항하고 가지 말자고 하지만, 그는 묵묵히 명령을 따른다.

1592년 도요토미는 임진왜란을 일으켜서 7년간의 긴 전쟁을 하게 되고, 전국의 번주(藩主)들은 자기 병력을 동원하여 자기의 비용으로 조선에 직접 출병해야 했다. 그러나 도쿠가와는 에도에서 성을 쌓고 시가지를 만들기 위하여 수로를 개설하는 등 새로운 도시 개발을 하고 있었기 때문에 열외가 되어서 출전하지 않는 배려를 받았다. 그 결과 7년간 다른 번주들이 병력과 물자를 소진할 때 조용히 힘을 기를 수 있었다.

1598년에 도요토미 히데요시가 죽은 뒤 다섯 명의 최고 대신 중에서 가장 유력한 위치에 있던 도쿠가와 이에야스가 사실상 정국을 주도하게 되었다. 이에 대해 오봉행의 한 사람인 이시다 미쓰나리(石田三成)가 반발했다. 도쿠가와와 이시다의 갈등 속에서 두 사람의 눈치를 보던 전국의 150명이 넘는 다이묘(번주)는 서서히 어느 한쪽에 줄을 서게 되고, 마침내 1600년 10월 전국의 다이묘들이 동군, 서군 두 개의 연합군으로 갈라져서 전투를 벌이게 된다.

도쿠가와 이에야스가 이끄는 동군과 이시다 미쓰나리가 이끄는 서군은 각각 10만 명에 이르는 대군을 이끌고 세키가하라(関ヶ原, 기후현에 있음)에서 결전을 벌였다. 전투 초기에는 높은 곳에 진을 치고 있던 서군이 유리했다. 하지만 서서히 동군 쪽으로 승세가 기울어 전투는 동군의 압도적인 승리로 끝

났다. 이후 도쿠가와는 오사카성에 입성하여 명실공히 전국의 실권을 장악하게 된다. 3년 후 1603년 도쿠가와는 쇼군(征夷大將軍)에 오르고 에도(현, 도쿄)에 에도막부를 세웠다. 이에 따라 도쿠가와(德川) 가문이 260년간 전 일본을 다스리게 된다.

도쿠가와는 막부를 설립한 지 2년이 지난 1605년 삼남 히데타다(德川秀忠, 1579~1632)에게 쇼군직을 물려준 다음 순푸성(현, 시즈오카시)에 머무르면서 훈수정치를 하였다. 1616년 그가 죽은 후, 천왕은 그를 신(神)으로 추대하고 동조대권현(東照大權現)이라는 신호(神號)를 내렸다. 일본 역사는 전국 시대부터 에도막부까지 통일전쟁 시기에 활약했던 오다 노부나가(織田信長), 도요토미 히데요시(豊臣秀吉), 도쿠가와 이에야스(德川家康) 세 사람을 일본의 3대 영웅이라고 부르는데, 우연히도 이 세 명은 모두 아이치현(愛知縣) 사람이다. 아이치현은 나고야(名古屋)시에 현청이 있는, 남부 태평양 바다와 북부 산악지대(남알프스)를 품고 있는 현이다.

도쿠가와 이에야스는 죽은 후 그가 머물던 순푸성(駿府城) 인근의 구노산(久能山)에 임시로 매장되었다가, 도쿄의 동북쪽에 있는 도치기현의 닛코시(日光市) 언덕에 사당과 묘지 등의 시설물을 지은 후 1년 후에 이장되었다. 닛코의 묘와 사당 자리는 본인이 생전에 결정해 놓은 것이다. 이 사당 영역을 그의 신호를 따서 동조궁(東照宮, 도쇼구)이라고 이름 붙였다. 일본 전국에 있는 동조궁이라는 이름을 쓰는 신사는 모두 도쿠가와 이에야스를 제신(祭神)으로 모신 신사(神社)로, 도쿄 우에노공원, 구노산(임시 매장 자리) 등 전국에 48곳이 있다고 한다.

도쿠가와 이에야스의 유체를 닛코로 이장한 당시에는 그곳에 작은 사당 외에는 아무것도 없었다. 그러나 그의 사후 20주년에 맞추어 제3대 쇼군 이에미츠(家光, 이에야스의 손자, 1604~1651)가 닛코에 각종 건물을 짓고, 금박을 입히고 대대적으로 성역화하여 오늘날 우리가 보는 것 같은 화려한 동조궁을 만들었다. 동조궁에 있는 많은 건물과 구축물들은 1999년 12월 세계문화유산에 등재되었다.

동조궁, 양명문 앞의 계단을 올라가면 여러 건물이 있다

2018년 4월 말 우리 부부는 동조궁에 가기로 했다. 동조궁에 가려면 도쿄의 아사쿠사(淺草)역에서 출발하는 도부(東武)열차를 이용하는 것이 제일 편리하고 저렴하다. 도부열차 관광안내소에서 닛코시티패스 2일권을 사면, 2일동안 열차로 1회 왕복할 수 있고(특급열차 이용은 추가요금), 닛코시의 세계유산순환버스를 무제한 이용할 수 있으며, 입장료 할인 등을 받을 수 있다. 그러

나 JR패스를 갖고 있는 여행객은 JR열차로 JR닛코역으로 직행해서 세계유산 순환버스 1일권을 사야 한다. JR닛코역은 도부닛코역의 바로 옆에 있다.

우리는 전날 아예 아사쿠사 인근에 숙소를 잡고 아사쿠사의 유명한 절 센소지(淺草寺)를 방문하였다. 센소지는 절 앞의 상가가 매우 시끌벅적하고 도쿄의 여러 절 중에서 외국 관광객이 가장 많이 오는 곳이다. 또한 세계에서 제일 높은 634m의 '도쿄스카이트리' 타워가 아사쿠사에서 제일 잘 보인다. 센소지 사거리에서 '도쿄스카이트리'가 직선거리로 1.5㎞인데, 사진처럼 크게 보인다. 만일 도쿄스카이트리 사진을 찍겠다고 도쿄스카이트리에 가면 너무 가까워서 사진을 찍을 수가 없다.

센소지의 호조문, 가미나리문과 상가 거리를 지나서 있는 절 입구의 문이다

아사쿠사 사거리에서 1.5㎞ 떨어져 있는 도쿄스카이트리

다음 날 아침 도부열차 서비스센터에 가서 닛코시티패스 2일권(2,760엔)과 특급권(1,080엔)을 사서 9시에 출발하는 '게콘 11호'에 탑승했다. 열차가 도쿄 스카이트리 바로 옆을 지나가는데 기둥 하나가 어마어마하게 두껍다. 열차는 2시간 후 11시에 도부닛코역에 도착하였다. 짐을 숙소에 보관한 후 역전 버스 정거장에서 15분 간격으로 운행하는 세계유산 순환버스를 탔다. 버스는 신교(神橋, 빨간색 다리)~린노지~도쇼구~다이유인뵤까지 올라갔다가 돌아 나가는데, 신교에 내려서 산을 올라가면서 보는 것이 원칙이나 경사가 가파르고 거리도 좀 멀어서, 다리가 좋지 않은 나는 가장 높은 데 있는 다이유인뵤 정거장에 내려서 거꾸로 위에서 아래로 걸어 내려가면서 보기로 했다.

## 다이유인뵤(大猷院廟)

우리는 닛코패스로 입장료 할인받아 550엔을 내고 다이유인뵤(大猷院廟)에 들어갔는데, 계단으로 또 한참을 올라가야 했다. 다이유인(大猷院)은 동조궁을 증축한 이에미츠의 시호다. 그러므로 할아버지 묘역을 증축하면서 자기가 죽은 후에 살 곳을 큼직하게 같이 지은 것이다. 나는 속으로 '역시 꿍꿍이가 있었으니 이렇게 열심히 지었지!' 하고 생각했다. 계단을 한참 올라가서 대수원문을 지나서 또 계단을 오른다. 당문(唐門, 가라몬)이 나왔다. 당문이라는 것은 당나라의 궁궐의 양식을 본떠서 만든 문의 형식이다. 여기 당문은 금박을 입히고 문에 조각된 학과 백룡이 번쩍번쩍 빛나는 것이 당문의 원조인 중국의 궁궐 문보다 더 화려한 당문일 듯싶다.

당문을 지나서 계단을 더 올라가니 드디어 본전이 나왔다. 본전의 열린 문

안쪽을 들여다보고 있으니, 안에서 신관(神官, 간누시)이 들어오라고 하여서 신발을 벗고 들어갔다. 외국인은 우리뿐이고, 일본인이 7~8명이 앉아서 신관과 이야기하고 있었다. 신관이 우리에게 설명해 주었다. 여기는 본전 앞에 있는 배전(拜殿)이고, 본전은 저 뒤로 으슥하게 보이는 곳이라고 하시면서 그곳에 이에미츠의 유골이 모셔져 있지만, 일반인은 그곳까지 가서 참배할 수 없고 여기에서 참배해야 한다고 설명해 주셨다. 일본의 신사들 중에서 규모가 큰 곳은 모두 본전 건물과 배전 건물이 별도로 있으면서 앞뒤로 바짝 붙어 있고 실내로 연결된다.

우리는 다이유인뵤 답사를 마치고 올라온 계단 길을 내려갔다. 아까 올라올 때는 무심코 지나쳤는데, 내려가면서 보니 다이유인뵤 입구 옆에 숲에 둘러싸여 아늑하게 자리 잡은 후타라산(三荒山)신사가 있었다. 이 신사는 동조궁을 만들기 전인 782년에 먼저 창건되어 있었고, 동조궁이 건설된 후 다시 크게 지었다고 한다. 이 신사도 세계유산 목록에 포함되지만 신사는 하도 많이 보아서 들어가지 않았다.

도쿠가와 이에미쓰의 사당인 다이유인뵤의 화려한 당문

당문의 섬세하고 화려한 금장식

동조궁보다 먼저 자리 잡고 있는 후타라산신사

## 동조궁(東照宮, 도쇼구)

우리는 10분 정도 걸어 내려가서 이곳의 주인이 잠든 동조궁에 도착했다. 여기는 입장료가 더 비싸서 할인을 받아도 1,300엔이었다. 경내도 널찍했다. 우선 입구의 큰 도리이를 지나니 오층탑이 우리를 환영한다. 이 오층탑은 우람하고 장식이 너무나도 섬세하고 화려하게 조각되어 있어서 한참을 보았다.

오층탑을 감상한 후 계속 걸어서 표문을 지나니 허름한 건물인 신구사(神厩舍, 신큐샤) 앞에 사람들이 모여 있었다. 경내에서 단청이나 도금을 하지 않은 유일한 건물이다. 이 건물의 이름에 마구간 '厩' 자가 있으니 당연히 마구간이다. 그러므로 건물에 장식이 없는 것이다. 그런데 왜 사람들이 모여 있나 살펴보았더니, 이 건물의 처마 밑에 동물이 조각되어 있었다. 8마리의 원숭이가 조각되어 있고, 이 중 3마리는 각각 눈과 입과 귀를 막고 있다. 이는 나쁜

동조궁에서 제일 먼저 만나는 입구의 오층탑이 우람하고 화려하다

것은 보지도 말고, 말하지도 말고, 듣지도 말라는 공자의 가르침을 표현한 것이라고 한다. 또한 8마리의 원숭이 조각은 한 조각, 한 조각 스토리가 연결되면서 인간의 일생을 나타낸 것이라고 한다. 신구사에 원숭이 조각이 있는 이유는 원숭이가 말을

마구간인 신구사, 도금이나 칠을 하지 않은 유일한 건물이다

지키는 동물이기 때문이라고 한다.

신구사를 지나니 넓은 마당과 손을 닦는 곳인 오미즈야(御水舍)가 나왔다. 본전을 가려면 여기서 손을 닦고 계단을 올라가야 한다. 계단을 올라가면 동조궁의 건물 중에서 제일 화려한 양명문(陽明門, 요메이몬)이 우리를 맞이한다. 양명문은 얼마나 금을 많이 칠했으면 멀리서 보는데도 번쩍번쩍했다.

동조궁 건물 중 제일 화려한 양명문은 큰 감동을 준다

이 문을 지나면 왼쪽에는 도쿠가와 이에야스가 타던 가마를 두는 신요사(神興舍)가 있고, 정면에는 당문(唐門, 가라몬)이 있다. 에도 시대에는 일반인은 여기까지만 참배를 할 수 있었고, 이 당문을 지날 수 있는 사람은 쇼군을 알현할 수 있는 막부의 고위 신하들뿐이었

흰색 칠을 많이 한 당문은 좀 기괴한 모습이다

다고 한다. 당문의 장식은 흰색을 많이 사용했는데, 다른 문의 금색하고는 좀 어울리지 않는 것 같았다.

당문 사진 뒤로 보이는 건물이 배전(拜殿)과 본전(本殿)이며, 배전은 당문의 바로 뒤에 바짝 붙어 있어서 배전 정면의 사진을 찍을 수가 없다. 당문 뒤의 배전 양옆에 태양광 집열판처럼 보이는 것은 우리가 갔을 때 배전과 본전이 수리 중이어서 임시로 설치한 것이다. 오른쪽으로 돌아서 신발을 벗고 배전 안으로 들어가서 참관하고 나왔다.

배전에서 나와서 신발을 신고 배전 오른쪽으로 가니 장식이 화려하지 않은 사카시타문(坂下門)이 있는데, 사람이 많이 서 있었다. 우리도 다가가서 보니 이 문의 지붕 아래 장식판에 잠자고 있는 고양이 한 마리가 조각되어 있었다. 정면에서 볼 때는 분명히 잠자는 모습인데, 왼쪽으로 가서 보면 고양이가 깨어 있는 듯이 보인다고 한다. 그리하여 사람들이 여기 많이 모여 있다. 나도 왼쪽으로 가서 보았는데 그런 것도 같고, 아닌 것도 같고 해서 잘 모르겠다.

이 착시를 이용한 고양이 조각은 당시의 유명한 조각가 히다리진 고로(左甚五郎)의 작품이라고 한다.

이 문을 지나니 산으로 올라가는 계단길이 하늘까지 가는 듯이 놓여 있었다. 그곳까지 가는 것은 포기했다. 이 계단을 끝까지 올라가면 작은 사당이 있고 그 사당 뒤에 5m 크기의 청동탑이 있는데, 그 속에 도쿠가와 이에야스의 유골이 안치되어 있다고 한다. '살아서 대단했던 사람이 죽어서는 더 대단한 대접을 받고 있구나!' 하고 생각했다.

## 린노지(輪王寺)

동조궁에서 오랜 시간을 보내고 다시 산길을 내려가서 천태종의 삼대본산 중 하나인 린노지(輪王寺)를 보러 갔다. 유감스럽게도 린노지의 본당(금당＝삼불당) 건물이 대수리 중이어서, 주위 사면에 커다란 펜스를 쳐 놓고 있었다. 펜스가 어찌나 크고 높은지 펜스에 본당 그림을 그려 놨는데, 멀리서 보면 그곳에 본당이 그대로 있는 것 같다.

린노지는 766년 쇼도 스님이 건립한 닛코 지역 최초의 절이라고 전해지며, 천태종 삼대 본산의 하나다. 이 절의 본당에 해당하는 삼불당은 헤이안 시대 초기에 창건되었다. 삼불당 안쪽에는 1643년에 세워진 13m 높이의 청동탑 소린토가 서 있는데, 천해(天海) 스님이 동조궁을 확장한 3대 쇼군 도쿠가와 이에미츠의 뜻에 따라서 천하태평, 국가평안을 기원하면서 세운 것이라고 한다. 공사 중이라도 삼불당 안은 들어가서 볼 수 있어서 안에 들어가서 세 분의 부처님을 참배하고 한 바퀴 돌아 나왔는데, 공사 중이라서 그런지 전등이 몇 개만 켜져 있으니 컴컴해서 잘 볼 수 없었다.

수리 중인 린노지 본당(삼불당)

오전에 도착했는데 세계문화유산 4곳을 모두 둘러보니 벌써 3시가 넘었다. 세계문화유산을 감상하는 데 하루를 소비한 우리는 린노지를 나와서 세계유산 순환버스를 타고 출발지인 닛코역으로 돌아가서 숙소까지 걸어갔다. 우리는 일본 여행을 할 때 항상 역 근처에 숙소를 정한다. 일본의 도시는 모든 버스의 노선이 기차역을 중심으로 만들어져 있어서, 역 근처에 있어야 이동하기 편하고 교통비도 절약할 수 있다. 또한 역에는 대개 백화점이나 쇼핑상가가 같이 붙어 있어서 편리하다.

오늘의 일정 중 점심 식사는 닛코 명물 유바가 들어간 유바우동을 먹었는데, 나는 유바우동과 보통 우동의 맛의 차이를 잘 모르겠다. 유바(ゆば)는 콩으로 두부를 만들 때 표면에 생기는 막을 걷은 것으로, 우동, 튀김, 샐러드 등을 만들 때 넣는다고 한다. 유바 외에 닛코의 호수(추젠지코)에서 잡히는 은어 튀김도 닛코 명물로 널리 알려져 있다.

## 추젠지 호수(中禪寺湖)

다음 날 아침, 좀 멀리 닛코국립공원 안에 있는 추젠지(中禪寺)호수에 다녀
오기로 하였다. 무슨 절 이름 같은 중선사가 호수의 이름이다. 우리는 JR닛코
역 앞의 버스 정거장에서 9시 40분 추젠지행 버스를 탔다. 버스요금이 편도
1,000엔인데, '추젠지 2일 프리패스'를 2,000엔을 주고 사면 2일간 중간에 내
렸다가 탈 수도 있다. 당일에 왕복만 하는 우리이지만 손해 볼 건 없어서 JR
닛코역 안의 관광안내소에서 티켓을 사서 탔다. 꼬불꼬불한 산길을 얼마나
올라가던지 현기증이 날 정도였다. 이 길은 오랜 공사 끝에 개통되었는데, 일
방통행으로 왕복하며 올라가는 길이 20구비, 내려오는 길이 28구비이므로,
합하여 48구비 길이라고 부른다. 가을에는 이곳의 단풍 경치가 대단히 아름
답다고 한다.

버스는 45분 후에 호숫가의 작은 버스터미널에 도착했다. 버스에서 내리자
앞에 보이는 호수가 시원했다. 이 호수는 인근의 난타이산(男体山)이 폭발하
면서 흘러내린 용암이 주위의 계곡을 막아서 해발 1,200m에 생긴 고산호수
다. 수심 161m, 둘레 2㎞로, 물 색깔이 맑고 아름답기로 유명하다. 이 호수 주
변에 화엄폭포, 추젠지 온천, 닛코자연박물관, 이태리대사관 별장, 영국대사
관 별장, 대형 호텔이 있다고 지도와 함께 안내하는 표시판을 버스터미널 벽
에서 볼 수 있었다.

우리는 우선 닛코국립공원에 대한 정보를 얻기 위하여 도치키 현립 '닛코자
연박물관'에 들어가서(입장료 300엔) 〈닛코의 사계절〉이라는 짧은 영화를 보았
다. 한국어 이어폰이 준비되어 있어서 잘 알아들을 수 있었다. 이 영화를 보

둘레 약 21km의 물이 맑은 추젠지 호수

면서 닛코국립공원이 굉장히 가치가 있는 곳이라는 것을 알 수 있었다.

영화를 본 후 전시물을 둘러보고 화엄폭포(華嚴瀑布, 게콘노타키)를 보러 갔다. 550엔짜리 표를 사고 엘리베이터를 타고 폭포 아래로 내려갔다. 아래에서 위로 폭포를 보게 해 놓았다. 아무리 엘리베이터 운영비가 꽤 든다고 하더라도 폭포를 한 번 보는데 550엔은 너무 비싸다. 폭포의 높이는 97m이며 일본의 3대 폭포 중 하나라고 한다. 폭포를 본 후에 호숫가를 슬슬 걸으면서 유람선 선착장 앞까지 가기로 했다.

호숫가를 천천히 산책하는데 큰 도리이(鳥居)가 길 위에 있었다. 도리이는 원래 '여기가 신사 입구입니다.'라고 신사를 알리는 역할을 하는 문 형식의 구조물이다. 그런데 이 도리이는 신사는 보이지도 않는데도 "여기는 내 땅이요."라고 하듯이 차가 다니는 대로의 양편에 두 다리를 뻗고 있었다. 도로 옆에는 벚나무가 있는데 이제 꽃이 피려고 하는 중 이었다. 오늘이 4월 28일이라서 도쿄 등의 도시는 벚꽃이 진 지도 한참 지났는데 여기는 해발이 높고 호수가 있어 기온이 낮으므로 이제 봄의 시작이다. 토요일인데도 유람선을 타

엘리베이터를 타고 내려가야 보이는 화엄폭포

는 사람은 보이지 않았다. 아마도 탑승 손님이 적어서 유람선을 운행하지 않는 것 같았다.

우리는 호수를 산책하다가 여러 식당 중에서 추젠지 관광센터 2층에 있는 식당으로 들어갔다. 식당은 엄청 컸다. 200명은 족히 앉을 수 있을 것 같았다. 빙어가 놀고 있는 수족관에서 고기를 잡고 있는 남자 직원에게 "식당은 큰데 왜 손님이 이렇게 없어요?" 하고 물어봤더니 아직 관광 시즌이 되지 않아서 그렇다고 한다. 다음 달부터 단체관광버스가 많이 온다고 한다. 우리는 닛코 명물이라는 '빙어튀김정식' 2인분과 맥주 한 병을 주문했다. 나는 식사를 기다리면서 종업원에게 저 아래에 큰 도리이가 왜 있느냐고 물었더니 여기서 조금 더 위로 올라가면 시내의 동조궁에 있는 후타라산신사의 분점 신사가 있다고 알려 준다.

식사 후에 버스터미널까지 걸어가기 싫어서 관광센터 앞에서 유모토(湯本) 온천에서 나오는 다른 노선의 버스를 타기로 했다. 유모토온천은 여기서 산속으로 30분 더 들어가는 곳이라서 우리가 가지고 있는 패스로 갈 수는 없다. 우리 패스는 호수까지만 이용할 수 있다. 버스 정류장 기둥에 붙어 있는 시간표는 12시 55분 도착이라고 되어 있어서 우리는 12시 50분부터 기다렸는데, 버스가 5분 연착해서 13시에 왔다. 일본은 시골의 버스 정거장에도 모두 시간표가 붙어 있고, 버스가 거의 다 정시에 도착하기 때문에 여행하기 편리하다. 오늘 같은 경우는 드물다.

13시에 출발한 버스는 14시에 도부닛코역에 도착하였다. 도쿄 아사쿠사로 가는 특급 열차는 제일 빠른 것이 14시 23분이었다. 우리는 패스가 있으니 일반 열차는 그냥 타면 되는데 빨리 가려고 특급권을 주문하고 신용카드를 내밀었더니 신용카드는 받지 않는다고 한다. 여기 올 때 신용카드로 샀다고 했더니 도쿄의 출발역은 가능해도 여기는 안 된다고 한다. 할 수 없이 현금으로 샀다. 이렇게 일본은 작은 상점도 아니고 멀쩡한 곳에서 신용카드를 사용할 수 없는 경우가 생기므로 얼마 정도의 현금을 꼭 가지고 다녀야 한다. 우리가 탄 열차는 정확히 예정된 시간인 16시 15분에 아사쿠사역에 도착하였다. 내려서 지하철로 갈아타고 도쿄 시내의 예약된 숙소로 갔다.

추젠지 호수 옆길의 큰 도리이

# 추손지(中尊寺)와 모쓰지(毛越寺)

　　동북 지방에 속하는 이와테(岩手)현은 인구는 126만 명이고, 동쪽으로 태평양을 안고 있다. 현청 소재지 모리오카(盛岡)시를 비롯하여 이렇다 할 만한 관광자원이 없는데, 현의 남쪽에 있는 특급열차도 서지 않는 히라이즈미(平泉町)라는 작은 마을에 많은 사람이 찾아온다. 그 이유는 이곳에 유명한 세계문화유산이 있기 때문이다.

　　2017년 여름, 우리는 열 명의 일행과 함께 동북 지방 사과의 도시 아오모리(青森)와 너도밤나무 원시림이 많아서 세계자연유산으로 지정된 시라카미산(白神山地)의 자연유산들을 찾아보고 있었다. 답사가 끝나고 일행은 아오모리 공항에서 인천으로 먼저 갔고, 우리 부부는 히라이즈미의 세계문화유산을 둘러보고자 신아오모리역에서 신칸센 '하야부사호'을 타고 모리오카로 내려왔다. 시간은 50분 걸렸다. 이와테(岩手)현의 모리오카(盛岡)역에 내리니 바로 앞에 관광안내소가 있었다. 우리는 그곳에 가서 아오모리에 처음으로 왔음을 밝히고 유적지, 관광지를 소개해 달라고 하니, 바로 히라이즈미 절을 이야기한다. 그것 말고 또 뭐가 있냐고 물어보니 안내도를 펴 놓고 이것저것 나름 설명하는데 유적지라고 할 만한 곳도 없었고 눈길을 끄는 관광지도 없었다.

　　다음 날 아침 일찍 숙소를 체크아웃하고 나갔다. 당일치기로 히라이즈미를 다녀오고, 아오모리까지 다시 올라가려면 시간이 바빴다. 히라이즈미는 워낙 작은 역이라서 완행열차 외에는 서지 않는다. 문제는 이 완행열차가 2시간에 한 대씩 밖에 없기 때문에 시간을 잘 맞추어야 한다. 히라이즈미를 주목적으로 방문한다면 센다이(仙台)공항으로 내려서 그곳에 숙소를 잡고, 센다이 주변의 많은 볼거리와 가까운 히라이즈미를 둘러보는 것이 편리하다.

모리오카역에서 8시 09분에 출발하는 완행열차를 타고 1시간 20분 후인 9시 29분에 히라이즈미역에 도착하였다. 이 마을은 인구 7,700명 정도의 아주 작은 곳인데, 헤이안 시대 후기에는 오슈번의 후지와라(藤原) 가문의 근거지였다. 당시 히라이즈미(平泉)의 인구는 10만 명 이상이었을 것으로 추정하는데, 이 정도면 당시의 인구 분포로는 수도 교토에 이어 2번째나 3번째의 큰 도시였을 것이다. 고대사 학자들은 교토에서 멀리 떨어진 이곳에 이렇게 많은 인구가 있게 된 것은 이곳이 당시 큰 금광지대여서 사람들이 모여들었을 것이라고 설명한다. 일종의 Gold-Rush다. 금광이 폐광된 후 서서히 사람들이 떠났을 것이다.

역 앞에는 '도심순환 룬룬버스(るんるんBus)'라는 것이 있어서 유적지를 순환한다. 450엔을 주고 하루 종일 탈 수 있는 1일권을 샀다. 버스는 우리를 먼저 모월사에 내려 주었다. 500엔의 입장료를 내고 들어갔더니 큰 연못과 건물 한 동뿐이어서 조금 황당했다. 모월사 안내문을 보니 오슈번 후지와라 가문의 멸망 후 거듭된 재해와 재난으로 모든 가람이 소실되었으며, 현재 연못을 중심으로 정토정원과 헤이안 시대의 가람의 주춧돌이 거의 완전한 상태로 보존되어 있어 그 위에 가람의 복원이 추진되고 있다고 하며, 우선, 헤이안 양식대로 지금의 본당이 건립되었다고 쓰여 있다. 그러나 지금 상태에서 500엔의 입장료를 받는 것은 너무 심한 것 같았다.

우리는 1989년에 건립되었다는 본당을 들어가 보고 커다란 연못을 한 바퀴 돌았다. 설명대로 과거 모월사 건물이 있었던 주춧돌이 그대로 남아 있었고, 과거의 건물 이름이 적힌 말뚝을 세워서 복원에 대비하고 있었다. 복원 안내도를 살펴보니 현재의 본당은 과거의 본당이 있던 자리가 아니다. 원래의 본당은 연못 건너편에 있고 지금 임시 본당 쪽에서 연못에 놓인 다리를 건너서 본당에 가도록 되어 있다. 아마 가람을 복원하는 데 방해가 되지 않도록 다른 장소에 임시로 건축한 듯했다. 본당 앞에는 가건물 같은 보물관이 있어서 과거의 유물들을 보존하고 있었다. 이 절의 입구에 유네스코 세계유산 마크가 있었는데 어느 것이 세계문화유산 목록에 들어가는 것인지 모르겠다.

1989년에 임시로 신축한 모월사 본당

모월사 정거장에서 룬룬버스를 다시 타고 중존사에 내렸다. 중존사(中尊寺, 추손지)는 절 안내도에 '관산 중존사(關山中尊寺)'라고 쓰여 있었다. 우리나라나 일본이나 큰 절은 절 이름 앞에 근처의 큰 산 이름을 붙여서 쓴다. 이를 산호(山號)라고 한다. 중존사는 850년에 자각대사 엔인(円仁)이 최초로 창건했다고 하는데 확실치 않다. 이 절은 1100년대 초에 이 지방 즉, 오슈(奧州)번의 번주

후지와라 기요히라(藤原淸衡)가 증축한 것이 사실상의 창건이다.

후지와라가 이렇게 큰 절을 시주한 것은 그간 크고 작은 동북 지방의 전투에서 죽은 사람들을 위로한다는 명분이었지만, 실제는 금광을 소유하였기 때문에 우선 돈이 많았다. 또한, 수도 교토 주변의 번주들이 이곳을 미치노쿠(陸奧, 육지의 오지)라고 놀리는 데 대항하여 교토의 절보다 더 화려한 절을 지어서 그 사람들에게 과시하려는 목적이 있었을 것이다. 실제로 이 절은 워낙 많은 금을 썼고, 화려하고 정교하게 지어져서 완성 후 교토의 건축가, 세공 전문가가 많이 보러 왔다고 한다.

가상사 건물터, 모월사의 전 이름은 가상사다

버스에 내려서 산길을 따라서 10분쯤 걸어가니 중존사의 시작이었다. 입장료는 따로 없었다. 허허벌판인 모월사도 500엔을 받았는데 이상하다고 생각하면서 길을 따라서 올라갔다. 경내는 길 하나를 따라 올라가면 양쪽으로 건물이 있는 단순한 구조였다. 조금 더 가니 오른쪽 조금 높은 곳에 본당이 나왔다. 이 본당은 1337년 화재로 불타고, 1909년에 다시 지은 것이라고 한다.

중존사 본전

본당에 올라가니 무슨 행사가 열리고 있어서 부처님이 계신 실내에 들어가지 못했다.

본당을 보고 더 들어가니 왼쪽에 보물관이 있었다. 최근에 지은 큰 건물이었다. 여기에 매표소가 있었다. 이 보물관과 우리의 목표인 금색당(金色堂, 곤지키도)을 보려면 여기서 표를 사야 하는 것이다. 1인당 800엔이다. 그러면 그렇지! 이렇게 중요한 문화재를 보는 데 무료일 리가 있나! 본전까지는 무료로 보여 주고 보물관과 금색당은 유료로 보여 주는 것이 그래도 친절한 셈이다. 일본은 절에 들어가는 요금을 입장료라고 하지 않고 배관료(拜觀料)라고 한다. 즉, 들어가는 요금이 아니라 보는 요금이다.

보물관에 들어가서 문화재와 중존사 안내 영화(DVD)를 보았다. 금을 이용하여 만든 세공품이 참 많았다. 일본 국보라고 표시된 것도 여러 점이 있었다. 보물관을 보고 나와서 조금 더 위로 올라가니 오늘의 하이라이트 금색당(金色堂, 곤지키도)이 있었다. 금색당 안에 들어갔더니 너무 황홀해서 한참을 멍하니 서 있었다. 이 금색당은 일본의 국보 구축물 부문 제1호로서 유물의 보존을 위하여 사진 촬영을 엄격히 금하고 있었다.

금색당을 잘 관찰하니 부처님들이 계시는 집(堂)이다. 집은 지붕, 서까래, 기둥, 보, 문까지 모두 금박으로 되어 있고, 집 안에는 사각의 단이 있어서 여기에 여러 명의 부처님이 계시는데 부처님도, 단도 다 금박으로 만들어졌다. 원래 금색당은 야외에 그대로 노출되어 있었는데, 국보인 금색당을 보호하고자 큰 덧집을 만들고 작은 집인 금색당은 그 안에 넣은 것이다. 덧집 공사를 하는 동안 우선 금색당의 옆에 가건물을 지어서 금색당을 가건물로 옮기고 덧집이 완성된 후 금색당을 다시 덧집 안의 본래 자리로 옮겨 왔다고 한다(그때 지은 가건물도 보존하고 있다).

부처님들이 서 계신 불단 아래 상자 모양의 벽장 같은 곳에는 오슈번의 후지와라 가문 영주들의 유골이 금관에 넣어져서 안치되어 있다고 한다. 나는 그들이 이렇게 돈을 많이 들여서 시주했으니 자기들 무덤 자리도 금으로 둘러싸인 곳에 하나 얻을 자격이 충분하다고 생각했다.

금색당을 보호하는 덧집 건물, 이 안에 금색당 건물이 있다

# 세계 최초로 원자탄 피해를 입은 히로시마(廣島)

원자폭탄, 이름만 들어도 무시무시하다. 일본은 그 무서운 원자폭탄을 두 번이나 맞았다. 그 이후 아직까지 지구상에 원자폭탄이 사용된 적은 없다. 1945년 8월 6일 아침 8시 15분 사이판에서 발진한 미군 전폭기에 의하여 원자폭탄이 히로시마시 상공에서 폭발하였다. 당시 히로시마시의 인구가 35만 명이었는데, 이 폭발로 13만 명 정도가 4개월 이내에 죽었다고 한다. 살아남은 사람들도 모두 방사능 후유증으로 병을 앓았다. 물론 히로시마 시가지는 잿더미가 되었다. 더 안타까운 점은 강제로 또는 돈을 벌려고 이곳에 와서 일하던 한국인 약 2만 명이 죽거나 다쳤다는 것이다.

3일 후, 8월 9일 규슈의 나가사키에 또 투하되었다. 일본은 신형 원자폭탄의 위력에 너무 놀라서 즉시 항복한다고 미국에 통보했다. 실제로 미국은 일본이 항복할 때까지 3일에 하나씩 떨어뜨리려고 사이판에 여러 개의 폭탄을 준비하고 목표 지역도 선정해 놓았다고 한다. 사실, 당시에는 방사능의 오래 지속되는 위험성, 후유증에 대하여 잘 몰랐다. 그것을 알았다면 미국이 아마도 다른 방법으로 전쟁을 끝내지 않았을까? 하고 혼자 생각해 본다. 히로시마현은 인구 285만 명(2018년 1월 1일 기준)이고, 오카야마현과 함께 태평양을 마주하고 있는 입지가 좋은 현이다. 태평양전쟁 때는 히로시마에 해군 조선소 등 군수산업 공장이 많이 있어서 원자탄을 맞았다.

2016년 신설 항공사인 에어서울이 인천~히로시마 간에 직항로를 개설하였

원자폭탄의 폭발에도 완파되지 않은 원폭돔

다. 2017년 봄, 에어서울을 타고 10시 40분에 히로시마 공항에 내렸다. 이번에 우리는 히로시마 주변에 있는 세계문화유산 세 곳을 탐방하고자 하는 것이다. 바로, 원폭돔, 이츠쿠시마신사 그리고 히메지성이다.

숙소를 체크인하고 평화기념공원으로 노면전차를 타고 갔다. 히로시마에 원폭이 떨어진 자리는 에도 시대부터 히로시마시의 중심 번화가였지만, 단한 발의 원자폭탄에 의해 순식간에 완전히 파괴되었다. 그 후 이 피해 지역을 복구하기 위하여, 1950년부터 평화기념공원 및 관련 시설의 건설이 진행되어 1955년에 완성되었으며, 공원 내에는 원폭돔, 히로시마 평화기념자료관, 평화의 염원을 담아 설치된 여러 기념물이 있다.

지금 생각해 보면, 일본 정부가 상당히 위험한 행동을 한 것이다. 원폭이 떨어지고 겨우 5년이 지났는데, 그 지역에 들어가서 건설공사를 했으니 작업자들은 방사능에 노출되었을 것이다. 통계가 없어서 알 수는 없지만, 당시 작업자들은 원자병에 걸려서 죽었을 가능성이 많다. 더욱이 그때는 지금처럼 안전방호복도 없었다. 2011년에 후쿠시마 원자력발전소에서 방사능이 누출되고 8년이 지난 지금도, 일본 정부는 그 근처를 출입 금지 구역으로 설정하여 관리하고 있다. 우리나라는 그곳 바다에서 잡은 물고기는 수입을 금지하고 있다. 이것과 비교해 보면 그 당시 인권이 얼마나 무시되었는지 알수 있다.

원폭돔이라는 것은 원래 '히로시마 산업장려관' 건물이었는데 원자폭탄이 바로 이 건물 위 600m 상공에서 폭발하였다. 아이러니하게도 폭탄의 파급력이 'ㅅ' 자 형태로 퍼져서 시내 중심부의 건물은 모두 박살나고 날아갔다. 하지만, 이 건물은 벽체 일부만 없어지고 벽과 골조는 남았다. 이것을 문화유산이라고 할 수는 없지만, 역사적 중요성과 보존의 필요성을 감안하여 1996년

12월 세계문화유산에 등록되었다. 히로시마 산업장려관의 지붕이 돔(dome) 형식으로 둥글게 되어 있었는데, 그 모습이 그대로 남아서 '원폭돔'이라는 명칭이 부여되었다.

원폭 피해 어린이를 추모하는 어린이상

우리는 원폭돔을 보면서 서 있으려니 마음이 숙연해졌다. 원폭돔을 지나서 공원 안으로 들어가는데 가는 비가 오기 시작하였다. 공원 안에는 평화의 종, 희생자 위령비, 꺼지지 않는 평화의 불꽃, 원폭 피해 어린이상 등 여러 조형물이 있었다. 원폭 피해 어린이상은 원자탄 후유증인 백혈병으로 죽은 어린이들을 기억하자는 취지로 1953년에 세워졌으며, 매년 8월 6일이면 많은 사람이 여기에 종이학을 가져다 놓는다고 한다.

조금 더 가니 정말로 눈물 나는 조형물이 있었다. 원폭으로 인하여 죽은 '한국인 희생자 위령비'였다. 이 비는 1970년 4월에 재일교포들이 성금을 모아서 공원 밖에 원폭 투하 때에 죽은 한국인 2,572명을 추모하는 추모비를 설치했다. 그 후 1999년 일본 당국의 승인을 얻어서 공원 안으로 옮겼다고 하는데, 그 승인 과정이 매우 까다로웠다고 한다. 한국인이 이곳에서 원폭으로 죽은 사람은 2,572명보다 훨씬 많은데 신원이 확인이 되지 않아서 여기에 이름을 올리지 못했다고 한다.

　조금 더 내려가니 공원의 제일 아래쪽에 원폭 피해 당시의 처참한 유물과 사진들이 전시되어 있는 '히로시마 평화기념자료관'이 있었다. 자료관은 본관과 동관으로 구성되어 있는데 동관 1층으로 입장하여, 동관 2층, 본관 2층 순으로 관람하게 되어 있었다. 우리도 2층으로 올라가서 자료들을 보는데, 너무나 처참해서 눈물이 저절로 났다. 자료관의 입장료는 무료이고 지금도 원폭 피해에 시달리는 사람들을 위한 사업 기부금 200엔을 받는다.

한국인 원폭 희생자 위령비

　평화기념공원의 답사를 마치고 나온 우리는, 히로시마가 원폭을 맞은 요인 중의 하나인 히로시마 해군조선소를 방문하였다. 히로시마역으로 가서 'JR구레선'의 완행열차를 타고 30분 후 구레(吳)역에 내렸다. 역에 붙은 백화점의 후문으로 들어가서 정문으로 나가고, 도보로 5분 정도 바다 쪽으로 가니 과거 해군조선소가 나왔다. 지금은 배는 만들지 않고 해상자위대의 군함만 수리하고 있다고 한다. 조선소 앞에는 야마토(大和)박물관이 있고, 야외에 아카시오

잠수함이 전시되어 있었다. 입장료 500엔을 내고 야마토박물관에 입장하였다. 실내에는 야마토함의 모형이 전시되어 있었다.

일본의 자부심이었던 전함 야마토

야마토(大和)라는 단어는 대일본을 의미한다. 일본의 성인은 모두 일본 해군의 막강 군함이었던 야마토함의 비극을 알고 있다. 비극의 군함으로 불리는 야마토(大和)함은 당시 돈으로 1억 3700만 엔이라는 거금을 들여 만든 세계에서 제일 큰 전함이었다. 길이가 263m, 폭이 39m에 달했으며 세계 최대인 28인치 함포를 비롯하여 77문의 각종 포를 갖추고 있었다. 배수량에서 미국의 아이오와함, 독일의 비스마르크함보다 20% 이상 컸다. 승무원 정원은 무려 3,300명이었다.

1937년 건조되어 몇 차례 작은 전투에 참전했지만 위력을 떨치지 못했다. 운영비가 워낙 많이 들어서 히로시마 항구에 정박시켜 놓고 출전하지 않았다. 태평양전쟁이 막판으로 치닫고 있을 즈음에 일본인들은 "왜 야마토함을 출전시키지 않느냐?"라며 원성을 퍼부었다. 결국 여론에 떠밀려 야마토함은

1945년 4월 전투에 나섰다. 하지만 이미 해전의 전투 개념이 바뀐 다음이었다. 거함 거포의 시대에서 항공모함에 탑재한 함재기의 성능에 따라 승부가 나는 공중전 시대로 바뀐 것이다. 결국 야마토함은 일본 영해를 벗어나자마자 규슈 남서부 공해에서 미군 함재기의 폭격으로 장렬하게 침몰했다. 일본은 현대의 기술로 야마토함의 잔해를 상당히 많이 건져 올렸는데 어디에 두었는지는 모르겠다.

우리는 야마토박물관을 보고 난 후에 야외에 전시된 해상자위대에서 쓰다가 퇴역한 아카시오잠수함 안에 들어가서 둘러보니, 침대고 식탁이고 어찌나 작은지《걸리버 여행기》의 소인국 사람이나 살 수 있는 곳 같았다(요즘의 잠수함도 이것보다 별로 크지 않다고 한다). 나는 해군에 입대하지 않고 육군에 가기를 잘했다고 생각하면서 숙소로 돌아왔다.


히로시마에는 이들 외의 관광 명소로는 슈케이엔정원, 히로시마성, 히로시마미술관이 있다. 슈케이엔(縮景園)정원은 중국의 항저우의 서호(西湖)를 본떠서 축소해 만든 정원이다. 연못 둘레를 한 바퀴 돌면서 다양한 자연경관을 감상하도록 한 일본 전통양식인 회유식 정원이다. 히로시마성은 원폭 투하로 파괴되기 전까지는 일본에서 유명한 성들 가운데 하나였다. 1958년에 파괴된 성을 시멘트로 재건한 것이 현재의 모습이다. 히로시마미술관은 히로시마은행이 창업 100주년을 기념하여 1978년에 세운 미술관이다. 모네, 르누아르, 고갱, 고흐, 세잔, 피카소의 작품 등 유럽 근대 미술품들이 전시되어 있어서 다른 지역의 서양 미술 애호가가 관람하러 온다고 한다. 우리는 일정이 빠듯하여 이번 여행에서 이곳들은 방문하지 못했다.

# 미야지마(宮島)의 이츠쿠시마신사(嚴島神社)

미야지마(宮島)는 히로시마시의 서쪽 해안에서 1km 떨어진 곳에 있는 섬이다. 자연경관이 아름다운 섬으로 센다이의 마쓰시마(松島), 교토부의 북쪽 해안에 있는 아마노하시다테(天の橋立)와 더불어 일본의 3대 절경의 하나로 꼽힌다.

우리는 숙소에서 아침을 먹고 히로시마역으로 갔다. 서쪽으로 가는 완행열차를 타고 30분 후에 미야지마구치(宮島口)역에서 내렸다. 5분 정도 걸어서 바다로 내려가니 미야지마를 왕복하는 배가 있었다. 큰 배 2척이 운행되고 있는데, 우리는 JR패스가 있어서 JR회사에서 운행하는 배를 기다렸다가 패스를 보여 주고 탔다. 오늘이 월요일인데도 무척 많은 사람이 배를 탔다. 유의할 것은 다른 한 척의 선박은 JR이 아닌 다른 선박회사에서 운행하므로 JR패스가 적용되지 않는다.

일본은 어디를 가나 배를 탈 때 우리나라와 달리 승선카드를 쓰지 않는다. 시외버스 타는 것과 똑같이 표를 사서 올라타면 된다. 우리나라는 선박 사고가 많아서 사고 나면 승선 인원을 빨리 파악하고자 그런 제도를 운영하는데, 일본은 선박사고가 거의 없어서 그런 불편한 제도가 없는 것 같다. 우리나라에서 운행하는 연락선의 80%가 일본에서 쓰다가 중고선으로 한국에 판 선박이라고 한다. 우리는 15분 후에 미야지마 선착장에 내렸다. 엄청난 사람들이 모두 이츠쿠시마(嚴島)신사 방향으로 걸어갔다. 가는 길의 왼쪽에는 상가 거리가 있고, 오른쪽에는 아름다운 바다 백사장이 있다.

신사를 향해 가는 인파, 멀리 괴물 같은 도리이가 보인다

　이츠쿠시마신사는 물에 떠 있는 듯이 보이는 독특한 곳이다. 1168년 히로시마현과 시코쿠 사이의 바다인 세토나이카이(瀨戶內海)의 제해권을 손에 넣어 막대한 부를 축적한 다이라노 기요모리(平 淸盛)가 세웠다. 본전과 무대, 부속 건물 등 21개의 건물이 290m에 이르는 회랑으로 모두 연결되어 있다. 또, 건물 전체가 주홍색으로 채색되어 있어 신사 뒤쪽의 미산(彌山)의 초록색과 어우러져 아름다운 모습을 연출한다.

　이 신사에는 불가사의한 것이 몇 가지 있다. 바닷물이 밀물이 되어 조수가 밀려올 때는 신사 건물 밑까지 바닷물이 쭉 들어오고 무대의 일부는 바다에 잠긴다. 신사를 지을 때부터 이런 점을 염두에 두고 무대와 회랑 바닥의 마루판 간격을 조금씩 떨어뜨려 놓음으로써 물에 잠겼을 때 부력을 낮추어서 신사가 붕괴되지 않도록 하였다. 이런 건축학의 오묘함을 인정받아서 1996년 세계문화유산에 등록되었다.

　이 신사의 도리이는 물 위에 세워져서 미야지마 홍보 사진에 단골로 나오는 상징이 되었다. 높이가 16m, 기둥의 둘레가 10m에 달하는 거대한 규모로 일본의 모든 신사 도리이 중에서 제일 크다고 한다. 이즈쿠시마신사의 조금 높은 곳에는 오층탑과 센조카쿠가 있다. 두 건물은 바짝 붙어 있다. 선명한 주홍색이 인상적인 오층탑은 일본풍과 중국풍을 융합하여 1407년에 지어졌다. 부분적으로는 인도의 양식도 적용했다고 하며, 탑의 하층부는 사각형이고, 상층부는 원형이라고 하는데 탑에 올라가서 보지 않으면 잘 보이지 않는다.

민물 때는 건물의 일부가 바닷물에 잠기는 이츠쿠시마신사

오층탑 옆의 센조카쿠(千疊閣, 천첩각)는 도요토미 히데요시(豐臣秀吉)가 일본을 통일하는 기나긴 전쟁에서 죽은 전몰자의 영혼을 위로하기 위하여 지은 대경당(불교 경전을 보관하는 곳)이다. 건설을 시작하고 10년 후에 도요토미가 죽을 때까지 천장의 판자, 정면 입구 등이 완성되지 못했는데, 그냥 두고 현재에 이르고 있다. 이 안에는 신사가 보유한 보물들이 보관되어 있다고 한다.

'센조'라는 말을 이해하기 위하여서는 다다미(疊)라는 말을 이해하여야 한다. 다다미는 일본식 방의 바닥에 까는 바닥재로서 습기에 강하고 따뜻한 성질이 있다. 대부분의 한국 관광객은 일본 온천여관에서 잘 때 다다미 위에 요를 깔고 잔 경험이 있을 것이다. 다다미 한 장은 가로 1.8m, 세로 0.9m이므로 다다미 2장이 1평(坪)이다. 일본 사람들은 방의 크기를 말할 때, (다다미방이 아니고 침대방이라도) 다다미 6조 방, 8조 방 등으로 말한다. 따라서 센조라는 것은 숫자 천(千)과 다다미를 의미하는 첩(疊) 자가 결합된 단어로, 이 건물의 바닥 넓이가 다다미 1,000장을 까는 크기라는 말이다. 다다미방은 온돌이 아니므로 겨울철에 난방을 할 때, 과거에는 고다쓰라는 일본식 난로를 사용하였지만 지금은 주로 온풍 에어컨을 사용한다.

미완성이지만 우람한 센조카쿠

신사 답사를 마치고 나오면서 상가 거리에서 점심을 먹었다. 히로시마는 해산물로는 붕장어(아나고)와 굴이, 음식으로는 오코노미야키가 유명하다. 또한, 오미야게(여행지에서 구매하는 기념품)로는 단풍빵(모미지 만주)이 유명하다. 우리는 여행지에서 그 지역의 특산을 한 번씩 경험해 보는 것을 좋아하므로 점심은 붕장어와 굴을 먹었다. 미야지마 섬에는 이츠쿠시마신사만 있는 것이

신사의 명물 오층탑에는 일본, 중국, 인도의 양식이 혼재되어 있다

아니고, 로프웨이를 타고 올라가는 미산, 단풍계곡 공원, 오모토 공원, 미야지마 역사민속자료관, 수족관 등이 있어서 시간이 있다면 넉넉히 4시간은 잡고 돌아봐야 한다.

숙소로 돌아와서 좀 쉬다가 저녁에 히로시마 명물 오코노미야키(お好み焼き)를 먹으러 나갔다. 오코노미야키는 오사카식과 히로시마식으로 나누어지는데 제조법이 조금 다르다. 오사카는 밀가루 반죽과 양배추를 미리 섞어서 철판에 굽고, 히로시마는 밀가루 반죽을 먼저 철판에 뿌려서 구우면서 그 위에 수북하게 양배추를 얹고, 다시 고객의 주문에 따라서 그

오코노미야키 거리의 밤 풍경

위에 돼지고기, 버섯 등의 재료를 얹어서 구워 준다. 숙소에서 건물 몇 개를 지나니 바로 오코노미야키 거리가 나왔다. 이 음식 거리에는 오코노미야키를 파는 가게들이 좌우에 쭉 있는데, 서양인 여행객도 많았다. 우리는 창문으로 보고 자리가 비어 있는 집에 들어가서 철판 앞에 앉아 요리사에게 햄과 버섯을 얹어서 만들어 달라고 주문하였다.

히로시마식 오코노미야키를 만드는 모습

# 일본 성들 중 유일한 세계문화유산인 히메지성(姬路城)

일본에는 비슷한 모양의 천수각(天守閣)을 갖고 있는 크고 작은 성(城)이 아주 많다. 사실 높이 솟은 천수각은 성의 일부일 뿐인데, 사람들은 흔히 천수각을 성이라고 부른다. 그럼 일본에 성이 얼마나 될까? 일본성곽협회에서 펴낸 《日本100名城가이드북》을 보면 1권에 100개, 2권에 100개, 합계 200개의 성에 대한 안내와 설계도, 역사 이야기 등이 실려 있다. 그러나 이 성들에 모두 천수각이 있는 것은 아니다. 천수각은 없어지고 성벽만 있는 성, 외곽의 보조 건물인 망루 등만 남아 있는 성 등을 포함하여 200개의 중요한 성이 선정되었다.

일본의 성의 천수각은 두 번의 큰 재해를 입어서 대다수가 없어지게 된다. 첫째, 도쿠가와 이에야스가 에도막부를 세우고 지방의 번주(藩主)가 군사력을 키우는 것을 방지하고자 '1번 1성 주의'를 표방하고 번주가 머무르는 성 외에는 다 허물게 했기 때문에 대부분의 성의 천수각이 없어졌다. 둘째, 성은 기본적으로 군사시설이고, 천수각 아래에는 군사를 주둔시키고 훈련할 수 있는 연병장이 있기 때문에, 태평양전쟁 때에 일본 육군이 성을 징발하여 군사를 주둔시키면서 연병장은 군사 훈련장으로 사용하고, 천수각은 지휘부의 시설로 사용했다. 그 결과 미군 폭격기의 폭격이 성에 집중되었는데, 이때 많은 천수각이 파괴되었다. 한편, 1873년 메이지 정부는 천수각이 봉건주의의 상징이니 부수어서 땔감으로 쓰라는 '폐성령'을 발표했는데, 반대하는 사람이 많아서 흐지부지되었던 수난사도 있다.

일본인들은 일본성에 대한 애착이 크다. 포격을 받아서 성이 없어진 곳의 주민들은 성의 복원을 원했지만 전쟁 후의 지방정부는 성을 복원할 능력이 없었다. 성을 원래의 재료로 문화재 가치를 인정받을 수 있도록 복원하려면 큰 통나무를 이용하여 골조를 세우고, 기와를 얹고, 특수 회반죽을 칠하여 벽을 만들고, 목재 문을 다는 일을 해야 하므로 엄청난 시간과 비용이 든다. 그래서 태평양전쟁이 끝난 후에 대다수의 지방정부는 시멘트를 사용하여 성을 짓고 겉모습만 옛날 성과 비슷하게 만들어서 주민들을 만족시켰다. 그리고 연병장이 있던 성 주위에는 나무를 심고 주민을 위한 공원으로 만들었다. 주민들은 좋아하지만 문화재로서의 가치는 영점이다. 그래서 나고야성, 구마모토성, 오사카성 등의 웅장한 천수각도 이런 시멘트 방식으로 재건되어서 국가 문화재가 아니고, 성벽과 망루(야구라) 같은 원형이 남아 있는 것만이 국가 중요문화재로 등록되어 있다. 이런 내용을 잘 모르는 관광객은 큼직한 오사카성, 나고야성이 최고인 줄로 안다.

많은 성의 천수각 중에서 에도 시대 이전 또는 초기의 모습이 유지·보존되어 있고, 원형대로 보수·유지하여 일본 정부로부터 문화재로서의 가치를 인정받은 성은 아래의 목록과 같이 12곳뿐이다. 국보가 5곳이고, 국가 중요문화재(우리나라의 보물에 해당)가 7곳이다. 국보급 성 중에서 효고현의 히메지성(姬路城) 천수각만이 세계적인 문화유산의 가치를 인정받아서 1993년 12월 일본에서 첫 번째로 세계문화유산으로 지정되었다. 나머지 성의 천수각은 아무리 커도 문화재로서의 가치는 인정되지 않는다. 그러므로 일본 여행지에서 이런 시멘트 성을 관광할 때는 천수각보다 성벽과 성곽의 축조양식, 성벽 위에 세운 망루(야구라) 등을 더 유심히 살펴볼 필요가 있다.

## 문화재로 등록된 성(천수각)

| 세계문화유산 | 국보 | 중요문화재 |
|---|---|---|
| 姫路城 (효고현) | 姫路城 (효고현) | 弘前城 (아오모리현) |
|  | 犬山城 (아이치현) | 丸岡城 (후쿠이현) |
|  | 彦根城 (시가현) | 備中松山城 (오카야마현) |
|  | 松本城 (나가노현) | 松山城 (에히메현) |
|  | 松江城 (시마네현) | 宇和島城 (에히메현) |
|  |  | 高知城 (고치현) |
|  |  | 丸龜城 (가가와현) |
| 1개 | 5개 | 7개 |

※ 괄호는 성의 소재지

히메지성 성주의 정원이었던 호고원

흰 칠을 많이 해서 백로의 성이라는 히메지성

히메지성은 천수각이 4개이고 모두 실내로 연결된다

우리는 히메지성을 가기 위하여 히로시마 숙소를 떠났다. 택시를 타고 히로시마역으로 가서 신칸센 중에서 제일 빠른(신칸센도 열차별로 속도가 다르다) '노조미호'(희망이라는 뜻)를 탔다. 히로시마에서 9시 50분 출발한 열차는 240㎞ 떨어진 히메지역에 정확히 1시간 후 10시 50분에 도착하였다. 신칸센 중에는 히메지역에 서지 않는 열차도 많기 때문에 열차를 이용할 때 주의하여야 한다.

히메지역에 내려서 북쪽 출구로 나오니 히메지성이 멀리 보였다. 역에서 내린 사람들이 거의 모두 그 방향으로 걸어가고 있었다. 20분쯤 걸으니 성 앞에 도착했다. 성안에는 식당이 없어서 성 밖 상가에서 이른 점심을 먹고 성

안으로 들어가니 연병장이 먼저 나온다. 지금이 벚꽃 철이라서 연병장의 하얗게 핀 벚꽃 아래에서 자리를 펴고 꽃놀이하면서 음식을 먹는 사람이 많았다. 연병장을 지나서 천수각 입장권 사는 곳으로 갔는데, 동서양의 외국인들이 길게 줄을 서 있었다. 역시 중국인이 제일 많았다.

세계문화유산인 이곳의 입장권이 1,000엔으로 좀 비쌌지만, 돈이 문제가 아니라 관람객이 너무 많아서 입장 인원을 통제하고 있었다. 30분 후에 입장할 수 있다고 게시판에 쓰여 있다. 30분 후에 입장했는데, 또 천수각을 올라가는 첫 번째 문 앞에서 길게 줄을 서 있어서 10명 나오면 10명 들어간다. 줄을 서서 대기하는 동안 살펴보니 성은 해자와 높은 석담으로 둘러싸여 있다. 천수각의 벽은 흰색 안료와 회반죽을 써서 백로가 날아오르는 듯하였다. 왜 히메지성을 '백로의 성'이라고 하는지 금방 알 수 있었다.

안에 들어가서 살펴보니 밖에서 볼 때 5층이던 대천수각은 실내는 6층으로 구성되어 있고, 3층으로 된 3개의 소천수각과 서로 연결되어 성을 구성하고 있었다. 천수각 안은 좋은 나무들로 만든 계단과 바닥이 잘 보존·유지되고 있었고, 관람객이 들어와서 둘러볼 때 손으로 붙잡고 올라가는 부분에는 마모를 방지하기 위하여 얇은 철판을 덧대었다. 중요한 문화재를 소중하게 관리하는 모습이 완연히 보였다.

히메지성이 처음 세워진 연대는 1333년으로 이 지방 호족인 아카마쓰 노리무라(赤松則村)가 만들었다고 한다. 그때는 3층 규모였기에 현재보다 훨씬 작았다고 한다. 이 성을 도요토미 히데요시가 1차 증축을 하였고, 도쿠가와 이에야스의 사위인 이케다 테루마사(池田輝政)가 대천수각을 증축하면서 대폭 확장해서 현재와 같은 모습이 되었다고 한다. 성안에서 제일 높은 건물인 대천수각은 건물 자체의 높이만 해도 46m나 되며, 6층의 해발은 92m라고 한다.

일본의 성은 대부분 태평양전쟁 때 소실되었지만 그때 히메지성이 폭격을 피할 수 있었던 것은, 당시 히메지에 거주하는 주민들이 새끼를 꼬아 가마니를 만들고 그 가마니를 숯으로 까맣게 만든 다음 천수각을 덮어 놓았기 때문이라고 한다. 정말로 이렇게 넓은 천수각 4개를 그렇게 덮을 수 있었을까? 나는 의심이 들었지만, 어쨌거나 이런 귀한 성이 공습을 피해서 보존된 것은 일본뿐만이 아니고 세계적인 행운이다.

히메지성은 세계문화유산으로 등록된 일본의 유일한 성이고, 이 성이 자랑하는 특징은 다음과 같다.

① 히시문: 성내에서 가장 크고 격식을 제대로 갖춘 문으로, 창에는 흑칠에 금박으로 문양이 새겨져 있다.

② 산고쿠보리: 니노마루로 이어지는 중요한 위치에 있으며, 적병이 공격했을 때 적을 분산시키거나, 적의 측면에서 사격할 수 있도록 배치되어 있다.

③ 십자 문양 기와: 십자문양이 새겨진 기와다. 히메지성이 세워지기 전의 성주가 기독교와 관련이 있다는 설도 있다고 한다.

④ 오기노코바이: 성벽(돌담)이 펼쳐진 부채의 곡선과 닮았다고 부채경사라고 불리는 돌담이다. 위로 갈수록 경사가 심해져 적이 돌담을 기어오를 수 없다.

⑤ 기름 흙벽: 점토와 흙을 여러 번 겹치고 굳혀서 만들었기 때문에 총탄도 뚫을 수 없게 단단하다.

⑥ 비젠문: 비젠마루의 출입문으로 문에 철판이 붙어 있어서 아주 견고하다.

# 아스카(飛鳥)와 나라(奈良)의 고대 유적

　문화 유적에 별 관심이 없던 내가 문화 유적에 관심을 갖게 된 것은 2010년 유홍준 교수님이 쓰신 《나의 문화유산답사기 1(남도답사 일번지)》를 읽고나서부터다. 교수님께서는 사학자들이 쓰는 어려운 한자어를 되도록 피하고, 일반인이 이해하기 쉽게 쓰셨다. 그 책을 읽은 후 여행지에서 유적을 볼 때 '대충 봐서는 안 되는 것'이라는 사실을 알았다. 여행을 가기 전에 앞으로 보게 되는 유적에 대한 공부를 하여 충분한 사전 지식을 갖고 가야만 유적이 유적답게 보이고, 유적이 우리에게 전하는 영혼의 메시지가 들리게 된다는 것을 알게 된 것이다.

　그 후 나는 유적 답사에 취미가 생겨서 국내외 유적지를 많이 찾아다니게 되었다. 나의 서가에는 유홍준 교수님의 도서, 국내 답사기 6권, 일본 답사기 3권, 국보 순례 이렇게 10권의 책이 꽂혀 있다. 나는 유 교수님과 함께 2번의 답사를 갔었다. 교수님이 제주도편을 준비하실 때 제주도 답사를 같이 갔었고, 또 한 번은 2013년 2월 28일부터 3박 4일로 일본 교토와 나라의 고대 유적을 답사하는 팀에 동행할 수 있는 기회가 있었다. 당시 유 교수님은 《나의 문화유산답사기 일본편》을 발간하기 직전이었는데, 제자들과 같이 가서 설명을 하시면서 최종 점검을 하시는 것이었다. 교수님은 답사 후에 감사하게도 친필 사인이 들어간 《나의 문화유산답사기 일본편 3(교토의 역사)》(2014년에 5월 발간) 한 권을 보내 주셨다.

　아스카, 나라, 교토의 유적 이야기는 6년 전에 유홍준 교수님과 같이 다닌 이야기를 회상하면서 시간대를 그대로 하여 여기에 적어 본다. 여기에 기술된 것은 답사 중에 유 교수님 말씀을 들은 것과 나중에 발간된 교수님의 《나의 문화유산답사기》의 내용을 참고하여 작성되었음을 밝힌다.

우리 일행은 2013년 2월 28일 오사카 간사이공항에 도착하였다. 전세버스를 타고 가면서 교수님은 이렇게 말씀하셨다. "일본 규슈에 우리나라에서 전래된 유적이 많이 남아 있지만 교토와 나라에도 많이 남아 있습니다. 아스카(飛鳥)와 나라(奈良)는 일본 속의 한국 문화를 찾아가는 답사의 핵심이며, 일본 고대 문화의 하이라이트입니다. 아스카에 가면 부여가 떠오르고 나라에 가면 경주를 연상하게 됩니다."

## 답사 첫째 날: 아스카의 고대 문화를 답사하다

답사는 아스카문화(飛鳥文化) 유적부터 진행되었다. 고대국가 야마토 정권이 있었던 아스카는 지금의 행정구역으로 나라현 아스카쵸(飛鳥町)이다. 우리가 제일 먼저 방문한 곳을 아스카박물관과 성덕태자(聖德, 쇼도쿠)의 묘다. 두곳은 가까운 거리에 있었다. 먼저 들른 곳이 아스카박물관인데, 산속에 무슨고층 빌딩이 있는 것 같은 모습이었다. 박물관 건물은 우리나라 제주도에도 많은 작품을 남긴 안도 다다오(安藤忠雄, 1941~)가 설계한 건물로서 외부는 노출 콘크리트로 되어 있었다.

아스카박물관은 1994년 오사카부의 부립박물관으로 개관하였기에 소재지가 나라현에 있지 않고, 나라현에 가까운 오사카시(大阪市) 남하내군(南河内郡)

에 있다. 정식 박물관 이름은 '가까운 아스카박물관(近つ飛鳥博物館)'이다. 자세한 이유는 모르겠는데 오사카의 아스카문화가 있던 곳을 '가까운 아스카', 나라현의 아스카를 '먼 아스카'라고 부른다고 한다. 입장료는 310엔이었다.

전시실에 들어가면 제일 먼저 나오는 것이 '왜의 5왕과 도래문화' 섹션이다. 여기에는 성덕태자의 묘에서 출토된 유물들이 전시되어 있었는데, 이것들은 대부분 가야에서 전래된 유물이다. 일본에서는 한국에서 일본으로 건너가서 살게 된 사람을 도래인(渡來人, 도라이진)이라고 하고, 그들에게서 전수된 문화를 도래문화라고 한다. 글자로 볼 때의 도래인은 한국인과 중국인을 다 포함하지만 실제는 고대 한국인을 말하는 것이다. 한국인 중에서도 대부분이 백제인과 가야인이다.

이 박물관 아래층은 고분 섹션으로 전방후원분을 많이 소개하고 있었다. 전방후원분은 우리나라 영산강 유역에서도 발견되어 학자들 사이에 논쟁이 많은 무덤 양식이다. 전시실에는 현재까지 발견된 전방후원분들 중 제일 규모가 큰 인덕(仁德)왕릉을 150분의 1로 축소한 모형을 전시하고 있었다. 150분의 1로 축소해도 엄청나게 커서 나는

안도 다다오가 설계한 아스카박물관

'상당히 크구나!' 하고 생각했는데, 4일 차에 실제로 가서 보고는 어찌나 큰지 기절할 뻔했다.

다음으로 간 곳은 성덕태자(聖德太子)의 묘다. 성덕태자(574~662)는 용명천왕(用明天王)의 아들로 태어났다. 만 19세인 593년부터 스이코 여왕의 위임을 받아 섭정을 맡았다. 일본 최초의 절인 법흥사(法興寺=飛鳥寺)에서 고구려 승려 혜자(惠慈)와 백제 승려 혜총(惠聰)으로부터 불교를 배웠다. 일본에는 538년 불교가 전래되어 공인되긴 하였으나, 토착 종교인 신도(神道 = 神社)가 성행하였고, 유교도 도입되어 생활 규범으로 자리 잡아 가고 있었다.

특히 성덕태자 시절의 조정에서는 배불파와 숭불파가 대립하고 있었다. 용명천왕이 죽자 두 파 간에 투쟁이 벌어졌는데, 성덕태자는 숭불파인 소가씨(蘇我氏)를 지원하여 승리하였다. 그 후 일본이 불교국가로 자리 잡는 데 절대적인 공헌을 하였다. 불교를 포교하기 위하여 사재를 털어 법륭사(法隆寺, 호류지)를 지었다.

성덕태자의 묘 앞에는 예복사(叡福寺)가 있는데, 태자의 묘를 지키고 제사 지내는 역할을 하는 절이다. 일본에서는 왕족의 무덤은 문화재청이 아니고 황실 궁내청에서 관리한다. 아직 천황 제도가 있으니 자기네 조상은 자기네가 보살피는 것도 일리가 있다. 다음으로 성덕태자가 태어난 귤사(橘寺, 다치바나데라)에 갔다. 절에서 태어난 것은 아니고, 그때는 이 자리에 상궁원(上宮院)이 있어서 여기서 태어났고, 후에 태자의 거처를 법륭사 인근으로 옮기면서 태자가 여기에 세운 절이 귤사다. 하지만 지금의 귤사는 19세기 중반에 태자 시절의 가람 배치를 무시하고 새롭게 지은 후 이름을 '상궁원 보리사(菩提寺)'로 바꿨다.

교수님은 귤사를 건너 벌판같이 보이는 곳을 가르치면서 가 보라고 하셨다. 그곳이 옛날 아스카 시대 4대 사찰로 꼽혔던 천원사(川原寺)의 절터라고 하신다. 우리가 건너가 보았더니 황량한 벌판 한가운데에 작은 집들이 있었다. 무엇인지 궁금해서 가서 봤더니, 남의 절터에 지은 홍복사(弘福寺)라는 규모가 아주 작은 절이었다.

일본 불교의 성인 성덕태자의 묘

다음으로 석무대(石舞臺, 이시부타이) 고분을 보러 갔다. 석무대는 소가노 우마코의 묘라고 전해지고 있다. 숭불파인 소가노 우마코(蘇我馬子, ?~626)는 진보적인 인사로 6세기 후반 야마토 정권의 실세였다. 왕가와의 혼인으로 인척관계를 맺은 후 막강한 권력을 갖게 되었다. 무덤은 낮은 구릉 위에 집채만한 거대한 자연석 두 개가 이마를 맞대고 있는 형상으로, 그 율동적인 모습으로 돌이 춤추고 있는 것 같다고 하여 석무대라고 이름을 붙였다고 한다. 돌하나의 무게가 약 75톤이라고 하니 '이 돌을 옮길 때 얼마나 많은 사람이 고생을 했을까?' 하는 생각이 들었다.

무덤은 원래부터 이런 모습이 아니고 이 암석 위에 흙을 덮어서 큰 봉분을 만들어 놓은 것인데, 소가씨가 멸망한 후에 원한이 있던 사람들이 흙을 퍼 가

서 이런 모습이 되었다고 한다. 1993
년 교토대학 박물관에서 석무대의 아
래쪽을 발굴해 보니 거대한 석실이 발
견되었다. 부장품은 이미 도굴되었다
고 한다. 일반인도 석실 안으로 들어
가서 볼 수 있다. 이런 무덤의 형태를
'상원하방의 석실봉토분'이라고 하는
데 전형적인 백제의 매장법이었기에,
소가씨가 백제에서 온 도래인일 것이
라고 주장하는 학자도 있다고 한다.

아마카시 언덕에서 아스카 들판을 조망하는
유홍준 교수와 저자

소가노 우마코의 묘는 춤추는 석무대다

　여기까지 답사를 마친 후 교수님은 우리를 이름도 어렵고 한자도 어려운 아
마카시언덕(廿樫丘)이라는 곳으로 데리고 갔다. 교수님도 이름이 너무 어렵다
고 그냥 아스카동산이라고 부르자고 하신다. 아마카시 언덕은 해발 148m밖
에 안 되는 나지막한 동산인데, 이 언덕의 정상에 오르면 아스카 벌판이 한눈

에 훤히 보인다. 벤치도 놓여 있다. 동남쪽을 바라보면 우리가 다녀온 석무대, 귤사 그리고 아스카 최초의 궁궐터 등이 보인다. 교수님은 "저 아래 드넓게 펼쳐진 들판을 보세요. 옛날 백제의 문화를 받아들여서 번영했던 아스카 시대가 느껴지지 않습니까?"라고 하셨다. 모두들 상당한 감회가 있는 것 같았다.

이것으로 오늘의 제1일 차 답사가 끝났다. 우리는 예약되어 있는 호텔로 가서 첫날의 밤을 지냈다.


## 답사 둘째 날: 백제인 마을과 다카마쓰(高松)고분의 고구려 벽화

숙소에서 아침을 먹은 우리는 고대 백제인이 모여 살던 마을인 히노쿠마 마을(檜隈町)을 찾아 나섰다. 버스에서 내려 꽤 걸어 들어가니 조용한 시골 마을이 있었다. 여기가 백제에서 이주해 온 도래인들이 정착해 살았던 마을이다. 마을 한가운데 마을의 역사를 알려 주는 오미아시(於美阿志)신사가 있다. 이 신사는 이 마을로 건너온 도래인 조상을 제신(祭神, 제사 지내는 대상)으로 모시는 신사다. 이 신사는 작은 마을의 신사치고는 제법 크고, 뒤쪽에는 11층탑이 있었다. 유홍준 교수님은 이 탑은 원래 13층이었는데, 지금은 11층만 남아 있다고 하셨다.

신사 앞에는 동판이 세워져 있는데 유 교수님이 뜻을 설명해 주셨다. "히노쿠마 마을은 백제에서 도래한 아치노오미(何智使主)씨가 살았던 곳이라고 전하는데 오미아시 신사는 그를 제신으로 섬기고 있다. 히노쿠마 절의 터는 신사 경내에 있으며 탑, 강당으로 추정되는 건물터가 남아 있다."라고 하셨다. 우리나라 백제의 역사가 이렇게 일본에 뚜렷하게 남아 있는 것이 참으로 감명 깊었다.

백제인 조상을 제신으로 모시는 오미아시신사

11층탑의 유래를 설명하는 유홍준 교수

## 다카마쓰(高松)고분

　다음으로 다카마쓰(高松)고분으로 갔다. 다카마쓰고분은 아스카 남쪽 산자락에 있다. 이 지역에는 아스카 시대 왕릉 3기(천무, 지통, 문무)를 비롯하여 많은 고분이 존재한다. 1972년 '가시하라(橿原) 고고학연구소'가 이 일대를 조사하다가 발견한 다카마쓰 고분에서는 전혀 예상치 못한 벽화가 발견된다. 그것도 고구려 고분벽화에서나 볼 수 있는 사신도, 별자리 그림, 여인행렬도가 나와 태평양전쟁 후 일본 최고의 고고학 발견이라며 큰 화제가 되었다. 부장 유물은 아쉽게도 오래전에 도굴되었다. 교수님은 다카마쓰 고분은 직경 23m, 높이 5m의 흙무덤으로 공주 송산리 고분 정도의 크기라고 하시면서 고분 벽화는 본인의 전공인 회화사의 분야이기 때문에 특별히 더 관심이 많다고 하셨다.

　고분 앞에는 전시관이 있어서 고분 내부를 실물 크기로 만들어 놓고 도굴 구멍도 그대로 뚫어 놓아 안쪽을 자세히 들여다볼 수 있도록 하였다. 무덤 내부는 잘 다듬어진 판석으로 구

고구려식 벽화가 있는 다카마쓰고분

축한 길이 2.6m, 높이 1.1m, 폭 1m의 작은 석곽묘이고, 벽화의 인물도는 아주 생생하게 보존되어 있었다고 한다. 천장에는 북두칠성 등 별자리가, 사방벽에는 사신도가 그려져 있었고, 남벽 도굴 구멍 옆의 주작 그림은 지워졌지

만, 북벽에는 현무 그림이 생생하였다고 한다. 교수님은 벽화는 100% 고구려 고분벽화의 영향이라고 하시면서 사면에 그려진 사신도는 평양에 있는 고분벽화와 매우 유사하다고 하셨다.

고분 내의 벽화

이 다카마쓰고분의 축조 연대는 710년 무렵인 것으로 고증되고 있다. 고구려가 망한 지 40년 후다. 이 고분의 발견 이후 일본 고고학계에서는 다른 고분에도 벽화가 있을 것으로 추정하고 내시경 카메라를 무덤에 집어넣는 방식으로 조사를 했는데, 1983년 다카마쓰고분보다도 고구려의 영향을 더 많이 받았을 것으로 보이는 벽화고분을 발견하였다. 이 고분을 '기토리고분'이라고 명명하였고, 지금도 연구가 진행되고 있다.

다음으로 우리는 어제 왔던 귤사 근처의 논밭이 펼쳐진 곳에 잠시 내렸다. 교수님은 이곳이 6세기 말에 있었던 아스카 최초의 궁터라고 한다. 1959년 이 논에 물을 대기 위하여 용수로 공사를 하던 중 토기들이 나와서, 40여 년에 걸쳐 발굴 조사를 한 끝에 여기를 아스카 최초의 '나무지붕 궁터'로 추정하였다고 한다. 아스카 시대에는 왕이 바뀔 때마다 이동해서 궁궐을 새로 지었으며, 여기를 발굴할 때 나무지붕이 나와서 명칭을 나무지붕 궁터로 불린다고 하신다.

교수님은 그 근처의 아스카사(飛鳥寺)라는 가정집 같은 작은 절로 우리를 데리고 갔다. 정말로 가정집 같았다. 우리는 좀 실망했는데, 교수님은 이 절에 대하여 아주 애정이 많으신 것 같았다. "지금은 퇴락한 작은 절에 불과하고, 건물도, 불상도 그 옛날 모습이 아니지만 일본 고대사에서 아주 중요한 절입니다."라고 힘주어 말씀하셨다. 배불파와 싸움에서 이긴 소가노 우마코는 다음 해인 588년 대대적인 불사를 일으켜 8년 뒤인 596년에 법흥사(法興寺)라는 큰 절을 창건하고, 탑을 세운 후 불사리를 안치했는데, 절을 창건할 때 백제로부터 많은 기술자가 건너와 기와의 제작과 불당, 탑의 건설에 관여하였고, 그 절이 이 아스카사라고 한다. 아스카사의 설립은 일본에 마침내 불교라는 문명의 꽃이 피어나기 시작한 것이라고 교수님은 강조하셨다.

아스카문화 답사를 끝내고, 버스에 다시 올라탄 답사팀은 이곳에서 북쪽으로 멀리 떨어진, 나라현 이코마군 이카루카정(奈良縣生駒郡斑鳩町)에 있는 법륭사로 향했다. 1시간 정도 이동하여 법륭사에 도착하였다. 여기서 나라 시내까지는 40분 정도 더 북쪽으로 가야 한다.

일본 불교사원의 시조 아스카사(飛鳥寺)

## 법륭사(法隆寺, 호류지)

우리는 중학교 시절 역사 시간에 법륭사의 금당에 고구려 승려 담징이 벽화를 그려 놓았다고 얘기를 들었는데, 드디어 눈앞에 나타났다. 이 절은 성덕태자가 605년경에 지었다고 하며 확실한 창건 연대는 알려지지 않고 있다. 동서 두 구역으로 나누어져서 동원에는 몽전(夢殿) 등이 있고, 서원에는 금당, 오중탑 등이 있다. 서원의 서원가람은 현존하는 세계에서 제일 오래된 목조 건축물이다. 서원의 금당은 670년, 1949년에 큰 화재가 두 번 발생하여 금당의 기둥과 벽화가 모두 훼손되었다고 한다.

호류지의 건물들은 인근에 있는 다른 절 법기사(法紀寺, 호키지)와 함께 1993년 12월 일본 최초로 세계문화유산으로 지정되었다. 나라에 있는 다른 절과 문화재는 5년 후 1998년 12월 '나라의 문화재'라는 이름으로 세계문화유산으로 별도 지정되었다. 세계문화유산이고 국보급 문화재가 많아서 그런지 법륭사의 입장료는 1,500엔으로 매우 비쌌다.

호류지 서원의 서원가람

호류지의 입장에서 볼 때 아쉬운 기억이 있다. 일본 사회가 혼란해진 메이지유신 초기에 폐불훼석 사건이 발생하는 등, 절에 있는 불교의 문화재를 안전하게 보존하기 어려워지자, 당시 호류지의 책임자는 약 300점의 보물급 문화재를 황실에 헌납했다. 이 문화재들은 현재 우에노공원에 있는 도쿄국립박물관 내의 호류지보물관(별관)에 보관·전시되어 일반인에게 개방되고 있다. 이 호류지보물관 앞에는 잔잔한 연못이 있고, 1층에는 양식당이 있어서 우리 부부도 보물관을 관람한 후 이곳에서 점심을 먹은 적이 있다.

일본에 불교가 전래된 이래 전통 종교인 신도(神道)와 융합되어 천여 년 동안 지속되어 공존했던 신불융합(神佛融合)의 문화가 1867년 메이지유신이 일어나자 신정부의 종교 정책에 의해 신사와 불교가 분리되는 과정을 밟게 된다. 메이지 정부는 제정일치의 천황제국의 확립을 목표로 하였던 만큼 신도에 의해 국민을 교화하고 국가의 통합을 이루고자 하였다. 신사의 제사장에게는 공무원 신분이 부여되고 월급을 지급했다. (이 제도는 미국 신탁통치 기간에 맥아더 사령부에 의해서 폐지될 때까지 계속되었다.) 이를 위해 신정부는 그때까지의 신불융합을 거부하며 신도와 불교를 엄격히 구분하는 '신불분리령'을 공포하였다. 이로 인하여 불교 사원에 속한 많은 토지가 몰수되었으며, 황실 내에서의 불교 행사가 폐지되었을 뿐만 아니라 폐불훼석(廢佛毁釋)이라는 사건이 발생하였다.

폐불훼석 사건은 1868년 4월 1일 오전, 신관(神官) 출신의 신위대 50명, 인부 50명 정도로 구성된 한 무리가 에도(현, 도쿄)에 있는 히에신사(日枝神社)의 경내 불교 전각에 들어가 불상, 불경, 불구 등을 파괴하고 불을 지른 사건이다. 이때 불타 버린 불상, 불경, 불구 등이 124점에 이르고, 귀금속 장식품 등 48점이 약탈당하였다고 한다.

호류지 서원의 오층탑

벽화로 유명한 호류지 금당

　교수님은 호류지에 도착하니 더 힘이 나셨다. 설명해 주고 싶은 것이 너무 많아서 어느 것을 먼저 설명해야 할지 모르신다. 우리는 밖에서 서원가람, 오층탑, 금당 등 중요한 건물들을 살펴보고, 다 함께 대보장전에 들어갔다. 대보장전은 1998년에 호류지 보물들을 잘 보존하기 위하여 현대식으로 지은 건물이다. 다시 말하면 호류지 박물관이다.

　대보장전 안에 들어가니 많은 보물급 문화재가 있었다. 교수님은 백제관음상이 있는 전시실에 들어가더니 관음상 앞에서 한참을 보고 계셨다. 백제관음상은 교수님이 짝사랑하는 애인 같았다. 백제관음상은 209㎝의 채색 목제 관음보살상이다. 이 작품은 백제 말기인 7세기 중반에 제작된 것으로 추정되는데, 백제에서 건너왔다는 설도 있고, 일본에 귀화한 백제인이 만들었다는 설도 있다. 교수님은 무척 완성도 높은, 잘 만든 작품이라고 설명하셨다. 이 작품은 일본에서도 일반적으로 백제관음상이라고 불리지만, '목조관음보살입상(木造観音菩薩立像)'이라는 명칭으로 일본의 국보로 지정되었다.

대보장전에는 우리가 중학교 시절에 들었던 금당의 벽화 한 점이 전시되어 있었다. 교수님은 담징이 금당의 벽화를 그렸다는 것은 시기상으로 봐서 맞지 않을 것 같다고 하셨다. 전시하고 있는 아미타정토국을 그린 벽화는 금당 외벽 중 6호 벽의 그림인데, 수리하느라고 떼어 냈던 것이라서 670년의 금당 화재 때 살아남았다고 한다. 법륭사에서 이것저것 감상하느라고 시간을 많이 소비해서 벌써 오후 1시가 지났다. 우리는 그제야 점심을 먹으러 나갔다.

호류지의 대표 보물인 백제관음상

화재에서 살아남은 호류지 금당의 벽화

## 동대사(東大寺), 흥복사(興福寺)

점심을 먹고 나라시의 동대사(東大寺, 도다이지)로 이동하는데 비가 오기 시작한다. 오후 3시 동대사에 도착하였다. 동대사는 법륭사와 더불어 일본의 양대 사찰이다. 동대사의 본전인 대불전은 원래 8세기 중반에 만들어졌으나, 2번의 화재로 소실되고 1709년에 재건되었다고 한다. 대불전 안에는 정말로 큰 청동대불이 있다. 높이는 15m, 무게는 452톤이라고 한다. 얼굴 길이가 5m, 손바닥 길이가 3m나 된다고 하니 얼마나 큰 것인가? (동대사 입구에서 대불전까지 걸어가는 길에는 많은 사슴이 참배객들을 따라다니며 먹을 것을 달라고 하는데, 배설물을 어쩌나 신속히 치우는지 길이 깨끗하다.)

청동 대불은 최초로 만들 때에도 몇 번의 실패가 있었다고 하며, 대불 역시 두 번의 화재로 손상된 것을 복원하면서 원래의 모습이 조금 달라졌다고 한다. 현재의 모습은 1692년에 복원된 것인데, 세계에서 가장 큰 청동 대불이다. 교수님께서는 "이 대불을 최초로 만들 당시 이렇게 거대하게 만들 수 있었다는 것은 그 자체가 그 민족의 문화 능력을 나타내는 것입니다."라고 하셨다.

유 교수님의 설명이 이어진다.

"여기 동대사와 대불을 건설할 때가 8세기 중반인데, 그 당시의 일본에는 대불을 만들 수 있는 기술이 없었어요. 주조, 도금, 금속 세공, 토목의 고등 기술을 이용하여 건물과 대불을 만드는 데는 백제가 멸망한 후 이주해 간 사람들과 그 자손들의 역할이 매우 컸어요. 이는 일본의 학자들도 인정하고 있어요."

교수님은 이 대불전 뒤쪽으로 15분 정도 올라가면 삼월당(三月堂)이 있고, 그 안에는 본존인 관음보살과 협시불인 일광보살과 월광보살이 있는데, 불상

하나하나가 명작이므로 동대사에 오면 대불전만 보지 말고 그것들까지도 꼭 봐야 한다는 것을 강조하신다. 그런데 오늘은 비도 오고 다음 일정이 바빠서 다음에 와서 보라고 하시며 버스에 타라고 하신다. 나는 동대사에 2번째 왔는데 두 번 다 못 보고 가서 아쉬웠다.

동대사 대불전

대불전의 대불은 세계에서 제일 큰 청동 대불이다

버스를 타고 10분 정도 이동하여 일본의 국보 문화재를 가장 많이 가지고 있다는 절, 흥복사(興福寺, 고후쿠지)로 갔다. 이 절은 소가씨의 전횡을 물리치고 실권을 잡은 후 율령국가의 기틀을 마련한 대신 후지와라 가마타리(藤原鎌足, 614~669)의 부인인 가가미노 히메미코가 교토에 세웠다가 아스카를 거쳐 710년에 지금의 자리로 이전했다고 한다. 창건 당시에는 100개가 넘는 건축물이 세워졌으나 잦은 화재로 당시의 건물들은 하나도 남아 있지 않다.

이곳에는 오층탑, 동금당, 북엔당, 삼층탑, 국보관 등을 비롯하여 12개의 일본 국보가 있다. 이 가운데 오층탑은 높이 51m로 일본에서 두 번째로 높으며 흥복사를 상징하는 건축물이다. 이 탑은 화재로 5번이나 불탔으며 현재의 건물은 1426년에 새로 지은 것이다. 흥복사가 자랑하는 국보관에는 8세기의 아수라불상을 비롯하여 여러 점의 일본 국보급 불상이 많이 안치되어 있다. 우리는 시간이 없어서 절의 건물과 탑 등은 답사하지 못하고, 초입에 있는 국보관에만 입장해서 국보급 문화재들을 감상하였다.

흥복사 국보관을 보는 데에도 시간이 많이 소요되었다. 버스에 올라 시계를 보니 오후 5시 30분이다. 이제 버스는 교토로 이동해야 한다. 여기서 우리의 숙소가 있는 교토역까지는 정북쪽으로 1시간 20분 정도 가야 한다. 비가 많이 오고 있어서 더 걸릴 것 같다. 교수님은 마이크를 잡고 일어나신다.

"오늘 답사는 잘 했나요?"

"네."

"나라에 오면 오늘 답사한 두 개의 절 외에도 당초제사(唐招提寺, 도쇼다이지)와 약사사(藥師寺, 야쿠시지)를 봐야 하는데, 이미 입장 시간이 지나서 본인이 버스 안에서 설명하는 것으로 대신하겠습니다."

"네."

교수님은 참 체력도 좋으시다. 나는 잠이 온다. 우리 버스는 7시 정각에 교토역 바로 옆에 있는 리가로얄호텔에 도착했다. 나는 잠이 들어서 교수님 설명을 듣지 못했다. 2일 차 답사가 끝났다. 긴 하루였다.

흥복사 국보관에는 이름에 걸맞게 국보급 불상이 많이 있다

# 천년 수도 교토(京都)의 불교 유적

## 답사 셋째 날: 교토의 동서남북을 쏘다니다

어제 여기저기 돌아다녀서 피곤했는지 안식구는 빨리 일어나지 않는다. 교수님은 어제 저녁 버스에서 내리면서 오늘은 답사해야 할 곳이 어제보다 더 많으니 무조건 버스는 아침 8시에 출발한다고 하였다. 우리는 서둘러 식당에 가서 아침을 먹고 외출 준비를 한다. 오늘도 여기서 숙박하니 짐을 안 싸는 것이 다행이다. 버스를 타고 일정표를 보니 교토의 대표적인 절인 청수사(清水寺, 기요미즈데라)와 금각사(金閣寺)는 일정표에 없고, 잘 들어 보지 못한 절들이 적혀 있었다. 역사적 스토리가 있고, 한국과 관련이 있는 절을 이번 일정에서 선정하신 것 같았다.

교토는 794년에 천왕이 수도를 나라에서 교토로 옮긴 이후 1868년 메이지 유신 후 천왕이 1869년 3월 도쿄로 옮겨 갈 때까지 1,075년간 수도였던 곳으로, 우리나라 경주와 비슷하다. 여기는 절을 비롯하여 옛날 건축물과 문화재가 많이 존재하고 있다. 1994년 12월 일본에서는 두 번째로 '고도 교토의 문화재'라는 제목으로 세계문화유산에 등재되었다. 등재 목록에는 17개의 절과 많은 건축물이 올라 있다. (첫 번째는 1년 전인 1993년 12월에 등재된 법륭사와 히메지 성이다.)

우리의 숙소가 있는 교토역은 교토시의 제일 남쪽에 있어서 모든 유적은 역의 북쪽 방향으로 있다. 즉, 오늘의 답사는 북쪽, 동쪽, 서쪽을 다니게 된다.

교토역에는 도쿄와 오사카 사이를 다니는 신칸센과 재래선 특급열차가 모두 정차한다. 오사카 간사이공항에서는 JR특급열차인 하루카호가 오사카를 경유하여 교토(종점)까지 운행한다.


## 용안사(龍眼寺, 료안지)

아침 8시 정각에 숙소를 떠난 버스는 북쪽으로 올라가서 첫 번째 답사할 곳인 용안사에 8시 30분에 도착하였고 바로 입장하였다(입장료는 500엔). 나는 관광지 사찰은 어디에서나 9시부터 관람할 수 있는 줄 알았는데, 교토의 절들은 관광객이 너무 많아서 그런지 아침 일찍 개문한다. 용안사는 8시부터, 청수사는 새벽 6시부터 입장할 수 있다. 용안사는 1473년에 세워진 선종 사원이다. 절은 크지 않지만 은은한 호수와 깊은 사색을 하게 하는 가레산스이(枯山水, かれさんすい)가 유명하다.

가레산스이는 우리말로는 석정(石庭)이라고 쓰기도 하는데, 아직 표준어로 채택되지는 않은 것 같다. 영어로는 Zen Garden(또는 Japanese Rock Garden)이라고 하는데 참선하는 정원이라는 표현이 참 재미있다(Zen = 禪). 교수님은 우리들을 용안사 가레산스이의 툇마루에 앉게 한 후 설명을 하셨다. "정원 안에는 좌측(동쪽)부터 우측(서쪽)으로 7개, 5개, 3개씩 모두 15개의 돌이 놓여 있습니다. 여기서 새하얀 모래는 바다를, 돌은 바다에 떠 있는 섬을 상징합니다." 즉, 무한히 넓고 깊은 망망대해를 이미지화한 것이라고 한다.

절 뒤쪽으로 가니 좀 특이한 샘물받이가 있었다. 가운데가 옛날 동전처럼 정사각형으로 뚫려있는데 그 위에 글자가 쓰여 있다. 글자는 선종의 가르침인 '吾唯知足(오유지족, 남과 비교하지 말고 만족하고 살라)'을 써 놓은 것이다. 그런데 吾唯知足은 4글자에 모두 네모 칸이 들어간다. 그래서 약수물받이의 가운데 뚫린 네모를 글자와 합하여 읽어야 吾唯知足이라는 격언이 되는 것이다. 참으로 재미있는 아이디어였다.

용안사의 가레산스이(枯山水)는 생각을 많이 하게 하는 정원이다

용안사 뒤편의 샘물받이

## 고산사(高山寺, 고잔지)

　새벽같이 첫 답사를 한 우리는 고산사로 향했다. 고산사는 교토 서북쪽의 고웅산(高雄山, 다카오야마) 중턱에 있는 작은 절이기 때문에 한참 가야 한다. 작은 절이지만 국보 8점 등 불교 문화재를 많이 보유하고 있으며, 원효대사의 초상화와 의상대사의 초상화도 소장하고 있다. 두 스님의 초상화는 교토국립박물관에 대여 중이라고 교수님이 이동하는 버스 안에서 말씀하셨다.

　고산사는 본래 이름도 없는 수도처였으나, 13세기 초에 명혜(明惠) 스님이 중흥시킨 화엄종 사찰이다. 명혜 스님은 일본 최초로 차밭을 만들어서 차를 재배하였으며, 국보로 지정된 화엄연기회권(華嚴緣起繪卷) 6권의 두루마리를 제작하였다. 6권 중 4권은 의상대사와 선묘 아가씨의 설화를 그림으로 나타낸 것이고, 2권은 원효대사와 의상대사의 행적을 담은 것이다.

　고산사의 중심 건물은 석수원(石水院)이다. 정면 3칸, 후면 4칸, 측면 3칸에 넓은 창을 가진 석수원은 창건 당시에는 동경장(東經藏)이라는 이름으로 본당 건물의 동쪽에 있었으며 경전을 보관하는 건물이었다고 한다. 1228년의 홍수로 본당이 떠내려간 뒤에 이 건물을 석수원으로 이름을 바꾸고 사찰의 중심 건물로 삼았다고 한다. 그래서 고산사에는 다른 절과 달리 큰 불상이 있는 본당 건물이 없다. 석수원에 들어가서 밖을 내다보니 참으로 아름다운 산악 풍경이 펼쳐져 있었다. 우리 답사단은 모두 석수원 거실 바닥에 편하게 앉아서 밖에 펼쳐진 파노라마 산악 풍경을 감상하였다.

석수원 거실에서 산악 풍경을 감상하는 유홍준 교수 일행

## 광륭사(廣隆寺, 고류지)

이곳을 떠난 우리는 다시 교토 시내로 들어가서, 아침에 출발한 용안사와 가까운 곳에 있는 광륭사에 도착하였다. 광륭사는 메이지유신 시절 폐불훼석의 피해를 아주 많이 입은 절이다. 넓었던 정원은 다 빼앗기고, 몇 차례의 화재로 많은 건물이 소실되어 지금처럼 작은 절이 되었다. 그래도 이 절은 일본 국보 조각 부문 제1호인 '미륵보살반가사유상(弥勒菩薩半跏思惟像)'이 있기 때문에 유명하다. 이 '미륵보살반가사유상'은 높이가 123.5㎝이며, 목재로 제작되었다. 목재의 재질로는 소나무와 녹나무가 함께 쓰였다고 한다. 실내가 좀 어둡고, 상에 칠을 했기 때문에 자세히 살펴보지 않으면 목조(木造)임을 알기 어렵다.

'미륵보살반가사유상'은 우리나라에 있는 '국보 제83호 금동미륵반가사유상'과 너무나도 비슷하다. 머리에 삼산관(三山冠) 모자를 쓰고 있는 것도 똑같다. 재료가 일본 것은 목재이고, 한국 것은 금동이라는 차이뿐이다. 그래서 우리나라에서는 같은 사람 또는 같은 시기에 만든 것이 일본으로 건너갔다고 생각하고 있으며, 일본에서는 도래인이 일본에서 만들었다고 주장하고 있다. 아무튼 이 두 불상은 우리나라 삼국 시대의 양식이고, 양국 간의 긴밀했던 문화 교류를 보여 주는 중요한 증거가 되고 있다. 여기에 게재된 미륵보살반가사유상은 일본인 사진작가 오가와 세이요(小川晴暘, 1894~1960)의 사진이며, 작가는 불상 전문 사진작가로 완성도 높은 작품을 많이 남겼다.

광륭사는 1923년 영보전(靈寶殿)이라는 현대식 건물을 지어서, 절이 소장하고 있는 목조 '미륵보살반가사유상'과 기타 보물급 문화재를 여기에 보관하고 있다. 영보관에는 국보가 12점, 중요문화재가 48점 전시되어 있다.

유 교수님은 이렇게 말씀하셨다.

"교토에서 아스카~나라~헤이안~가마쿠라 시대의 불상을 한 번에 볼 수 있는 곳은 여기 영보전밖에 없으니, 천천히, 자세히 보고 나오세요."

영보전 안은 문화재 보호 때문에 그런지 조명을 어둡게 하고 있어서 조금 불편했다. 우리는 당연히 미륵보살반가사유상을 한참 살펴보았고, 다른 불상들도 천천히 감상하고 나왔다.


## 고려미술관

점심 식사를 한 후 고려미술관을 방문했다. 고려미술관은 조총련계 인물인

한국 국보 제83호 금동미륵반가사유상(사진 제공: 국립중앙박물관)

일본 조각 부문 국보 제1호 미륵보살반가사유상(小川晴暘 사진)

고려미술관은 작은 미술관이지만 일본 학계에 많은 영향을 미쳤다

정조문(1918~1989)이 모은 미술품을 정리한 미술관이다. 본인이 살던 집을 헐고 자기 집터(대지 120평)에 세운 미술관은 지하 1층, 지상 3층 규모의 철근콘크리트 건물(건평 137평)이다. 소장 유물은 통일신라 시대부터 조선 시대에 걸쳐 계통적으로 모은 도자기류가 주류를 이룬다. 이들 가운데 백여 점은 매우 뛰어난 명품들이다. 1,700여 점에 이르는 소장 유물들은 모두 일본에서 수집되었을 뿐만 아니라, 한국인이 세운 미술관에 수장되어 있다는 데 큰 의의가 있다. 일본이 자랑하는 문화도시 교토의 한복판에 이런 미술관이 있어서, 한국의 문화 예술이 일본의 고대 문화 예술의 근원이라는 것을 일본인에게 알려 준다는 것은 참으로 대단한 일이다.

원래 정조문은 경상북도 예천군 우망리의 동래 정씨 집안에서 태어났다. 할아버지 대부터 일본에 살게 된 그는 아버지 대에 가세가 기울자 부두노동자가 되었다. 후에 교토에서 파친고점(일본의 합법적인 오락실로 구슬치기가게라고도 한다)을 운영하면서 돈이 많이 모이자 정조문은 일본인들에게 빼앗긴 조국의 문화유산을 되찾고자 결심한다. 그는 유물을 수집하면서 1969년에는 조선문화사(朝鮮文化社)를 설립하고 〈일본에 남은 조선 문화〉라는 계간지를 발행하였다. 이 잡지는 1981년 50호를 마지막으로 휴간되었지만 이 잡지가 끼친 영향은 매우 컸다. 이 잡지를 통하여 일본의 학자들은 일본의 고대 문화가 대부분 한국에서 유래되었음을 인정하지 않을 수 없었다.

## 은각사(銀閣寺)와 철학의 길

고려미술관을 정중히 참관한 우리는 도쿄 동북쪽의 은각사로 갔다. 도쿄에 오는 관광객이 제일 많이 가는 절이 청수사(淸水寺), 금각사(金閣寺), 은각사(銀閣寺)인데, 우리가 한자를 보면 金 자와 銀 자를 뚜렷이 구분할 수 있지만 금각사 또는 은각사를 일본어로 읽으면 구분하기가 쉽지 않다. 금각사는 '킨카쿠지'이고, 은각사는 '긴카쿠지'다. 그러므로 택시를 이용해서 금각사나 은각사를 갈 때는 목적지를 말로만 하지 말고 글자도 함께 알려 줘야 한다.

은각사의 은각은 연못과 모래산이 같이 있어서 더욱 아름답다.

은각사는 1482년 무로마치 시대의 아시카가 쇼군이 금박을 입혀 놓은 금각사의 관음전을 모방해서 지은 것이다. 연못가에 지은 것도 똑같고, 누각의 형태도 비슷하다. 금각사의 전각에 금박을 입혔으므로, 은각사의 전각은 은박을 입혀서 대비시키고자 했으나, 전쟁이 일어나는 바람에 실행하지 못했다고 한다. 은각사의 전각 앞에는 유명한 2개의 모래 더미가 있다(사진 오른쪽 나무 뒤에 있음). 모래 더미는 산을 상징하는 것이다. 이는 중국의 유명한 산을 표현한 것이며, 달빛을 감상하기 위한 것이라고 한다. 너무나 추상적이라서 나는 잘 이해할 수 없었다.

은각사의 가레산스이(枯山水) 정원

은각사를 답사하고 정문으로 나오면, 좌측으로 작은 수로와 오솔길이 있다. 이곳이 '철학의 길'이라고 불리는 산책로다. 은각사부터 냐쿠오지(若王子) 신사까지이며, 거리는 약 2.5㎞다. 오솔길 중간중간에 예쁜 카페도 있고, 아이스크림 집도 있다. 수로 양쪽에는 오래된 벚꽃나무가 있어서 벚꽃이 피면 장관이다. 진해벚꽃 여좌천의 축소판이다. 수로의 폭이 좁기 때문에 하늘이

안 보이고 사람들이 인산인해를 이룬다. 이 시기에 방문한다면 주말은 절대로 피해야 하며, 인파 속에서 넘어지지 않도록 조심해야 한다.

벚나무가 우거진 2.5㎞의 철학의 길

교수님이 남선사(南禪寺)에 가서 '뒤돌아보는 부처'를 보아야 한다고 해서 서둘러 갔지만, 이미 문이 닫혀서 보지 못했다. 남선사의 배관 시간(입장 시간)은 참 독특하다. 아침 8시 40분부터 오후 5시까지인데, 법당의 문은 오후 4시에 닫힌다.

셋째 날의 일정이 모두 끝났다. 우리의 숙소가 남선사에서 가까웠기에 모처럼 일찍 호텔에 도착하였다. 유 교수님과 답사를 다니려면 강인한 체력이 필요하다. 전에 제주도를 같이 갔을 때도 '해장답사'라고 하시면서 아침 먹기 전에 검은 모래 해변 답사를 먼저 하고 아침을 먹었던 적이 있다.

## 답사 넷째 날: 윤동주 시비

오늘은 한 시간 늦게 9시에 느긋하게 출발하였다. 우선 시내에 있는 윤동주 시비를 보기 위하여 동지사(同志社, 도시샤)대학으로 갔다. 동지사대학은 교토 시내를 남북으로 흐르는 카모강(鴨川)을 사이에 두고 국립교토대학과 마주 보고 있다. 1875년에 설립되어 오랜 역사를 자랑하는 사립대학으로서 간사이 지방에서는 명문으로 통한다. 우리가 버스에서 내려 대학 캠퍼스에 들어가니 아직 방학이라서 학생들이 없었다. 일본은 우리와 달리 1학기를 4월 1일에 시작하고, 2학기를 10월 1일에 시작한다.

윤동주(尹東柱, 1917~1945)는 북간도에서 출생하였으며 시인이자 독립운동가다. 1941년 연희전문학교(현, 연세대학교)를 졸업하고 다음 해인 1942년 4월에 일본 도쿄의 릿쿄대학에 입학했으나, 한 학기를 마친 후에 교토의 동지사대학으로 전학했다. 재학 중에 독립운동을 한 것이 발각되는 바람에 1943년 7월 일본 경찰에 검거되어 2년형을 선고받았다. 광복을 눈앞에 둔 1945년 2월, 28세의 젊은 나이로 후쿠오카형무소에서 짧은 생을 마쳤다. 윤동주 시인과 평양 숭실중학교 동기인 김형석(金亨錫) 수필가는 올해 100세인데 아직도 글을 쓰고 있다.

윤동주는 연희전문학교를 졸업하던 해인 1941년에 시집《하늘과 바람과 별과 시》를 발간하려 하였으나 실패했다. 하지만 자필로 3부를 남긴 것이 광복 후 지인들에 의해서 발견되어, 다른 유고와 함께《하늘과 바람과 별과 시》(정음사, 1948)라는 제목으로 간행되었다. 유해는 고향인 북간도 용정에 묻혔고, 1968년 연세대학교 교정에 윤동주 시비가 세워졌다. 1995년 2월에는 동지사대학의 교정에도 윤동주 시비가 건립되었다. 저자가 대학교를 다닐 때 시비가 상경대학의 뒤에 있어서 그 앞을 자주 지나다녔다.

28세로 요절한 윤동주 시인의 시비

윤동주 시비 답사를 마친 우리는 걸어서 인근에 있는 상국사(相國寺)에 갔다. 이 절은 천왕의 이궁(왕이 본궁을 떠나서 묵는 숙소)으로 쓰였던 장소에 지은 절로 아직도 궁내성에서 관리한다. 상국사는 14세기 말 무로마치막부 3대 장군인 아시카가 요시미가(足利義満)가 창건하였다. 몇 번이나 소실과 재건의 역사가 반복되었고, 현존하는 법당은 1610년에 재건된 것이라고 전해지고 있다. 이 절은 소장하고 있는 문화재를 보호하기 위하여 현대식 건물로 미술관을 건립·운영하고 있다. 미술관(승천각)에서는 마침 불화특별전을 열고 있어서 입장하여 감상하였고, 전시물 중에는 커다란 고려 시대 불화가 있었다. 미술 전문가이신 교수님은 승천각 미술관이 미술관 용도로 쓰기 좋게 잘 지어진 건물이라고 칭찬하셨다.

## 인덕천왕릉(仁德天王陵)

상국사에서 나온 시간이 11시가 되었다. 우리는 버스를 타고 오사카로 향했다. 약 1시간 걸려서 오사카 시내에 들어왔다. 쓰루하시(鶴橋)역 인근의 코리아타운 상가에서 오사카의 교포들이 사는 모습을 한번 둘러보았다. 이들의 대다수는 일본 강점기에 남한 또는 북한에서 일본으로 이주한 사람이거나, 강제적 노동자로 와서 정착한 사람과 그 후손들이다. 특히 오사카 교포 중에는 제주도의 4·3사건의 난리를 피해서 온 사람의 후손도 많이 있다고 한다.

시장을 한 바퀴 둘러본 후 점심 식사를 하고, 오사카 남쪽 오사카부 사카이(堺)시에 있는 인덕천왕릉을 보러 갔다. 답사 첫날 아스카박물관에서 150분의 1로 축소된 인덕천왕릉을 보았는데 이제 실물을 보러 가는 것이다. 왕릉은 전방후원분인데 어마어마하게 크다. 한쪽 길이가 480m다. 너무 커서 '저기가 왕릉이네!' 하고 멀리서 본 후 왕릉 옆에 있는 시립박물관에 가서 이것저것 보고 나왔다.

시립박물관에 있는 인덕왕릉에 관한 자료를 조금 소개한다.

"인덕천황(仁德天皇)은 일본의 제16대 천황이다. 인덕천황은 응신천황의 사후 가장 유력한 왕위 계승자인 우지노 와키이라츠코(菟道稚郎子) 왕자와 서로 왕위를 양보하다가 우지노 왕자가 스스로 목숨을 끊는 바람에 왕위를 계승했다. 인덕천황은 어진 왕으로 이름을 남긴 일본 왕들 중 한 사람으로 민가의 부엌에 연기가 오르지 않으면 조세를 면제하고 검소하게 생활하여 궁전의 지붕도 갈지 않았다고 일본 역사서에 전해진다. 인덕천왕은 인정(仁政)을 폈기 때문에 인덕(仁德)이라는 한문풍의 시호를 받았다고 전한다. 능의 형식은 전방후원분(전방은 사각 후면은 원형)으로 고고학명은 대선능고분(大仙陵古墳, 전장 486m)이다. 후원부에 있는 매장 시설은 에도 시대에 이미 도굴되었던 것 같다. 에도 시대인 1757년에는 후원부 매장시설에서 장지형 석관(長持型石棺)이 확인되었다."

이로써 3박 4일의 답사가 끝났다. 유홍준 교수님으로부터 많은 것을 배운 답사였다. 이제 오사카 간사이공항으로 이동하여 한국행 비행기를 탄다. 지금 이 글을 쓰면서 5년 전을 회상하면 후회가 되는 것이 한 가지 있다. 이 답사를 갈 때는 저자가 일본어를 전혀 할 줄 몰랐다. 만일 지금처럼 일본어를 구사할 수 있었다면, 답사 시에 만난 문화유적을 좀 더 깊숙하게 들여다볼 수 있었을 것 같다. 이제 유 교수님을 모시고 다시 갈 수는 없고, 몇 년 더 지난 후 유 교수님과 같이 갔던 길을 나 혼자 천천히 다시 가 보고자 한다.

\*\*\*

유홍준 교수님과 함께한 답사에는 교토의 청수사(淸水寺)와 금각사(金閣寺)가 일정에 없었다. 특히, 백제인의 후손이 설립에 크게 기여한 청수사는 우리나라와도 관련되어 있는 중요한 문화재다. 그러나 이번에는 시간이 모자라서 다들 잘 알고 있는 청수사를 제외하셨다. 청수사를 갔었다면 달변가이신 교수님은 아마 그곳에서만 2시간 이상 강의하셨을 것이다. 이 답사 후에 나온 교수님의 일본답사기 교토편에는 청수사가 '교토 답사 일번지'라고 자세하게 소개되어 있다. 교토의 유적 이야기를 하는 항목에서 이 두 곳이 없는 상태로 끝낼 수는 없어서 이번 답사와 별도로 저자가 갔었을 때의 사진을 가지고 간단히 소개하고자 한다.


## 청수사(淸水寺, 기요미즈데라)

유홍준 교수는 청수사를 '교토답사 1번지'라고 하셨다. 유적지에 무슨 번호가 있겠느냐마는 교토에 가서 시간이 없어서 하나만 보아야 한다면, 청수사를 보라고 강력하게 권하신다. 교토를 찾아오는 관광객이 1년에 약 800만 명이라는데, 그중 60퍼센트가 청수사를 다녀간다고 한다.

청수사는 절을 짓기에 부적절한 지형에 있다. 그 이유는 절의 본당은 반드시 남향으로 앉히는데, 이 지형에서는 남향받이에 건물을 지을 수가 없다. 그러나 이 절을 지은 건축가는 절벽에다가 391개의 기둥이 떠받치는 넓은 무대를 설치함으로써 본당을 남향으로 절묘하게 앉혔다.

청수사는 교토역의 동쪽 히가시야마(東山) 36봉 중 하나인 청수산의 서쪽 중턱에 있다. 이 산에는 맑은 샘물이 있어서 청수산이라는 이름을 얻었고, 이 샘물이 흘러내리는 작은 폭포 옆에 청수사를 세워서 지금도 그 맑은 물을 방문객이 마실 수 있게 설계되었다. 특히 청수사의 무대(舞臺)는 이를 떠받치는 나무 기둥들이 못을 하나도 사용하지 않고 전후좌우로 견고히 결합되어 있어서 탄성을 자아낸다. 청수사의 창건 설화에 관하여 유홍준 교수님의 답사기에는 아래와 같이 기술되어 있다.

"교토가 수도가 되기 직전(천도 후 교토의 이름은 平安京, 헤이안쿄)에 청수산 아래 마을에는 한반도에서 이주한 도래인들이 살았는데 특히 고구려인이 많이 살고 있었다. 이 마을에 사는 백제인 후손인 사카노우에(坂上)라는 군인이 임신한 아내의 영양 보충을 위하여 사슴 한 마리를 잡아서 집으로 오는데 맑은 물소리가 들려 가 보니, 샘물이 소리를 내며 떨어지는 자리에서 스님 한 분이 불경을 읽고 계셨다. 그 스님이 나라(奈良)에서 이곳에 절을 세우려고 온 엔친 스님이었다. 집으로 돌아온 사카노우에로부터 이 이야기를 들은 그의 아내는 살생의 죄를 범한 것을 참회하기 위하여 절을 세우자고 한다. 그리하여 사카노우에는 엔친 스님과 힘을 합쳐서 2년 만에 청수사를 세우게 되었다. 당시의 청수사는 아주 작은 절이었다.

그 후 북방이 시끄러워지자 조정에서는 사카노우에 장군을 정이대장군으로 임명하여 에조(蝦夷)를 토벌하도록 하였다. 에조는 북해도의 옛 이름으로 당시 북해도는 아이누족이 다스리는 부족국가였는데, 일본 혼슈의 북부(현, 아오모리현)까지 점령하고 일본인과 자주 마찰을 빚었다. 801년 대군을 이끌고 에조 토벌에 나선 사카노우에 장군은 큰 싸움 없이 에조로부터 항복을 받아낸 후 805년에 돌아왔다. 개선하여 돌아온 사카노우에 장군이 천왕에게 승전 보고를 하면서 청수사 이야기를 하자 천왕은 넓은 사찰 부지를 하사하고 왕실의 원당(願堂, 왕실의 행복을 비는 사찰)으로 삼아서 현재와 같은 큰 절이 되었다."[3]

청수사는 소실과 재건을 거듭하여 오늘날 우리가 보고 있는 모습은 에도막부 시대 초기인 1633년에 재건된 것이다. 청수사는 시내버스 정거장에서 내

---

3  유홍준, 《나의 문화유산답사기 일본편 3(교토의 역사)》(창비, 2014), 228~233쪽에서 발췌함.

려서 언덕을 올라가야 하므로 발품을 좀 팔아야 한다. 그러나 그 상점들과 언덕이 다 사연이 있어서 지루하지 않게 올라갈 수 있다. 가게들이 많은 언덕을 다 올라가면 입장료를 내기 전에 우리 앞에 우뚝 선 선홍색의 붉은 대문이 환영 인사를 한다. 인왕문이다. 인왕문 뒤로 서문과 삼중탑도 보인다. 서문을 지나면 선문각이 나오고 여기서 착한 입장료 400엔을 내고 들어가야 한다. 다른 절에 비하면 아주 저렴하다. 입장은 아침 일찍 6시부터 할 수 있다.

청수사 입구의 인왕문과 서문

청수사에 입장하면 그 유명한 무대가 손님을 맞이한다. 무대와 연결된 좀 컴컴한 후면 건물이 본당이다. 1633년에 재건된 본당은 정면 길이 약 36m, 측면 길이 약 30m의 거대한 목조건물이고 세계문화유산으로 등록된 건물이다. 사진은 저자가 2010년 겨울에 찍은 것이고, 2018년 8월에 청수사를 재방문하여 사진을 다시 찍으려 했으나 무대가 수리 중이고, 무대 앞과 옆에 큰 가림막을 쳐 놓았기에 볼 수가 없었다. 무대의 수리는 2020년까지 계속된다.

무대를 지나서 내려가는 길로 계속 가면 청수라는 이름을 득하게 된 맑은

물이 내려오는 세 줄기의 작은 폭포가 있다. 이 폭포를 오토와타키(音羽滝)라고 한다. 이 물은 옛날부터 병을 치료하는 효과가 있다고 하여 모두들 마시고 간다. 우리나라에서는 무슨 중대한 결심을 할 때 "한강에 빠져 죽는다."라고 하는데, 일본에서는 "청수사 무대에서 뛰어내린다."라고 한다. 두 나라의 문화는 비슷한 점도 많고 다른 점도 많다.

청수사의 무대는 청수사 건축의 백미다

청수사에 관련된 또 하나의 에피소드를 소개한다. 일본의 한자능력검정협회에서는 매년 11월 '금년의 한자'를 전국에 공모한다. '금년의 한자'라는 것은 금년도의 사회적 이슈를 漢字 '한' 글자로 표현하라는 것이다. 이렇게 공모하여 제일 많은 표를 얻은 한자를 12월 둘째 주에 청수사의 주지가 무대 앞에 큰 판을 펼쳐놓고 쓴다. 즉, 공모 당첨작을 발표하는 것이다. TV로 중계도 한다.

2017년 금년의 한자는 '北'이었다. 그 이유는 그해 북한의 미사일이 일본 근처 공해에 몇 번이나 떨어지고, 공습경보가 울려 일본 국민들이 많이 놀랐기 때문이다. 2018년 12월 12일 발표는 '災'이었다. 그해 전국적으로 큰 재해가 많았다. 북해도에서 큰 지진이 있었으며, 서일본에 폭우가 쏟아져서 215명이 죽고, 6,000동 이상의 가옥이 전파되었다. 고개가 끄덕여지는 선정이다.

청수사 폭포 오토와타키(音羽滝)

## 금각사(金閣寺, 킨카쿠지)

금붙이를 좋아하는 일본인이나 한국인이 금박 전각을 보려고 금각사를 많이 찾지만, 사실 이곳은 문화재로의 가치는 별로 없다. 그 이유는 1950년 화재로 소실된 것을 불과 30여 년 전인 1987년에 다시 지은 것이기 때문이다. 금각사는 무로마치 3대 쇼군인 아시카카 요시미쓰(足利義滿, 1358~1408)가 1396년에 최초로 세운 누각으로 그가 죽은 후 유언에 따라 절(관음전)로 바뀌었다.

금각사의 누각은 3층 구조로 되어 있는데, 1층은 법수원(法水院)이라 하며 헤이안 시대의 건축양식을 따랐다. 2층은 조음당(潮音堂)이라고 하고, 3층은 구경정(究竟頂)이라고 하여 참선하는 장소이며 부처님 진신사리가 안치되어 있다. 누각 꼭대기에는 청동봉황상이 세워져 있다. 주변의 연못에 청수사의 그림자가 비치면서 주변과 어울리는 경치가 매우 아름다워서 일본의 달력 사진으로 많이 쓰인다.

일본 달력 사진의 단골, 금각사의 금각과 연못

# 기이산(紀伊山)의 불교 성지인 고야산

저자가 거제대학교 평생교육원에서 일본어를 배워 어느 정도 실력을 쌓은 후에 일본에 있는 세계문화유산을 모두 답사해 보겠다는 결심을 하고 세계유산 목록을 살펴보았다. 그때 2004년 7월에 등록된 '기이산의 영지와 참배도'라는 제목이 있어서 '이것이 도대체 어디에 있는 무엇인가?' 하고 여러 자료를 찾아보았다. 그 결과 와카야마현의 중앙에 있는 기이산맥의 북쪽 기슭에 있는 고야산 불교 타운과, 남쪽 기슭에 있는 구마노 신앙의 신사 세 곳이 신령한 장소(靈地)로 역사적 가치를 인정받아 한 묶음으로 세계문화유산에 등록되어 있는 것을 확인할 수 있었다. 위치를 파악한 우리는 우선 교통이 좋은 고야산(高野山)을 먼저 가기로 하고, 2017년 6월 부산에서 출발하여 오사카로 갔다.

## 고야산(高野山)

우리는 고야산의 세계문화유산 답사를 가는 것이 목적이므로, 그곳에 가는 교통이 편리한 오사카 남쪽 천왕사역 인근에 숙소를 잡았다. 고야산에는 다음 날 아침에 갈 계획이므로 도착하는 날 오후 시간에는 백제에서 이주한 사람들이 만든 역사 깊은 사찰인 사천왕사(四天王寺)를 탐방하기로 하였다.

천왕사역에서 북쪽으로 15분 정도 걸어서 사천왕사에 도착하였다. 이 절은 성덕태자가 593년에 건립한 사찰이다. 전쟁과 재해로 여러 차례 소실되었지만, 외관은 원형에 가깝게 재건하였다. 경내의 건물 배치가 남쪽에서 북쪽으로 중문, 오층탑, 금당, 강당을 일직선으로 나열하고 이들을 회랑으로 둘러싸고 있는 특이한 배치를 하고 있는데, 이를 '사천왕사 양식'이라고 한다. 사천왕사 홈페이지를 보면 "사천왕사식 가람배치'는 일본에서는 가장 오래된 건축양식의 하나이며, 그 원류는 한반도에서 볼 수 있어 6~7세기 대륙의 양식을 알리는 귀중한 건축 양식이다."라고 기술하여 이 양식이 백제에서 전래되었음을 밝히고 있다. 사천왕사는 매년 11월에 시행하는 왓소마쓰리가 유명하다. 우리는 사천왕사를 돌아본 후 근처의 신세계(新世界) 상가를 돌아보고 숙소로 왔다.

2017년 6월 어느 날, 고야산 탐방을 가는 날이라 아침 일찍부터 서둘렀다. 고야산은 멀고, 고야산의 불교 성지에 도착하여도 경내가 넓어서 이곳저곳 탐방하고 당일에 돌아오려면 서둘러 가야 한다. 아침 8시에 천왕사역으로 가서, 지하철 미도스지선(未堂筋線)의 정기권 판매소에서 '고야산 1일권'(2,930엔)을 구입하였다. 이 패스 한 장으로 오사카 시내 지하철 당일 무료, 고야산으로 가는 남해전철(JR은 노선이 없다) 1회 왕복, 케이블카 1회 왕복과 고야산 경내 순환버스를 무제한 이용할 수 있다. 이 패스는 오사카의 모든 지하철역에서 살 수 있다.

표를 산 후 지하철을 타려고 승강장으로 내려갔는데, 출근 시간대라서 어찌나 사람이 많은지 2분마다 오는 지하철을 두 번이나 그냥 보낸 후에야 탈 수 있었다. 세 정거장을 가서 난바(難波)역에 내렸는데, 처음 가 본 난바역이 어찌나 복잡한지 길을 잃어버릴까 봐 좌우의 상가는 보지도 않고, 그저 남해 고야산선(南海高野山線)이라고 쓰인 화살표만 따라서 갔다. 그랬더니 큰 지하

터미널이 나왔는데, 이곳이 바로 남해전철의 시발역인 오사카 터미널이었다.

고야산선 승강장을 찾아서 갔더니 특급이 출발하기 직전이었다. 역무원에게 이 패스로 특급도 탈 수 있냐고 물었더니 특급을 타려면 780엔짜리 특급권을 사야 한다면서 다음에 오는 급행을 타라고 한다. 시간도 큰 차이가 없다고 친절하게 알려 준다. 9시 출발 고야산 극락교(極樂橋)행 급행열차를 탔다. 이 열차, 혹시 하늘나라 극락까지 가는 것은 아닌가? 겁난다.

일본에서 여기저기 다녀 보면 왜 교통비가 비싼지를 이해하게 된다. 일단 안전을 위하여 직원을 많이 고용한다. 한 지하철역을 가정하면, 표를 파는 창구에 1~2명, 표를 찍고 들어가는 곳마다 한 명, 플랫폼에 내려가면 홈마다 한 명씩 있다. 어디서나 쉽게 직원을 만날 수 있어서, 뭘 물어보기가 무척 쉽다. 우리나라 지하철에서는 10분쯤 돌아다녀야 역무원을 만날까 말까다. 전철을 타면 2량짜리 짧은 전철인데도 앞차에 운전수 한 명, 뒤차에 조수 한 명이 탄다. 운전수 한 명만이 타는 것은 1량짜리 전철과 버스뿐이다. 그러니 그 인건비를 감당하려면 교통비가 비쌀 수밖에 없다. 운행 중에 지진이 나도 일단 직원이 많으니 안전하게 대피시킬 수 있다. 이처럼 일본은 안전을 무던히도 중시한다.

10시 50분에 극락교(고쿠라바시)역에 도착하였다. 하차해 보니 비스듬하게 산을 타고 올라가는 트램이 있었다. 우리나라와 일본은 용어가 다르다. 일본에서 케이블카라고 하는 것은 우리나라는 트램이고, 일본에서 로프웨이라고 하는 것은 우리나라의 곤돌라다. 극락교역에서 케이블카를 타고 5분 정도 가서 산꼭대기 고야산역에 내렸는데 이곳이 바로 세계문화유산인 고야산 불교 성지가 펼쳐진 곳이다. 버스 노선은 두 개로, 대문(大門)행과 오지원앞(奧之原前)행이다. 대문은 성지 왼쪽 끝이고, 오지원은 오른쪽 끝이다. 이 두 역 사이의 거리는 6~7㎞ 된다.

높은 산 위에 있는 고야산역에는 절의 탑처럼 지붕 위에 상륜부 장식이 있다

고야산 불교 성지는 홍법대사 구카이(弘法大師 空海)가 지금으로부터 1,200년 전에 오랜 기간에 걸쳐서 만든, 산속의 불교 도시다. 일본의 2대 불교 성지로 불린다. 고야산은 와카야마현의 산속 분지에 자리하고 있는데, 해발 1,000m 이상의 고봉들이 주위를 둘러싸고 있는 풍수지리상 명당 중의 명당이라고 한다.

홍법대사는 774년 시코쿠 카가와현 선통사에서 태어났다. 선통사의 주지가 홍법대사의 아버지였다. (일본 불교에서는 스님의 결혼을 금지하지 않는다.) 중국

당나라에서 불교를 공부하고 돌아와 일본 불교 진언종(眞言宗)을 창시하고 이를 널리 확장시키기 위한 성지로 고야산을 선택했다고 한다.

해발 800m의 산속에 진언종의 총본산인 금강봉사(金剛峰寺)를 비롯하여 단상가람(壇上伽藍), 홍법대사의 묘지 사당인 오지원(奧之原) 등 많은 사찰과 건축물이 있는 불교 도시가 조성되

세계문화유산인 고야산 참배도

어 있다. 2004년 7월 고야산 불교 도시 전체가 세계문화유산에 등록되었으며, 일본 국보의 2%가 고야산에 있을 정도로 역사적 문화적 가치가 뛰어나다고 한다. 고야산은 종교, 종파, 국적을 초월해 전 세계에서 많은 사람이 방문하고 있다.

우리는 홍법대사가 입적한 오지원부터 탐방하기로 결정하고, 고야산역에서 오지원 행 버스를 타고 종점 한 정거장 전인 오지원 입구 정거장에서 내렸다. 여기서부터 참배도(參道)를 따라서 2㎞를 올라가면서 좌우의 조형물을 살펴보기로 했다. 일번교(一の橋)를 건너니 참배도가 시작되었다. 삼나무 숲이 어찌나 울창한지 대낮인데도 좀 어두컴컴했다. 좌우에는 2만 개 이상의 묘비

가 늘어서 있는데 대개 왕실과 귀족, 다이묘(번주)의 것이며, 역사적 인물이나 일본 유수 기업의 가문의 묘비, 위령비 등도 볼 수 있었다. 녹색 이끼가 낀 오래된 묘비는 무언가 신령스러운 분위기를 자아내고 있었다.

참배도의 많은 비석 중에는 이끼가 많이 끼어 있는 아주 오래되어 보이는 것과 만든 지 얼마 되는 않는 깨끗한 것이 있었고, 세계문화유산을 알리는 안내판도 가끔 나타났다. 참배도 중간중간에는 크고 작은 사당도 있었다. 계속 올라가 거의 끝까지 가 보니 어묘교(御墓橋, 교뵤바시) 다리가 나왔다. 뭔가 좀 엄숙한 분의기가 감돌았다. 이곳부터는 홍법대사의 묘소 성역이라는 안내도와 주의사항, 법회 일정 등이 적힌 큰 안내판이 있었다.

어묘교 자체도 세계문화유산이며, 이 어묘교를 건너면 바로 홍법대사의 묘소를 지키는 불당 등농당(燈籠堂)이 나온다. 다리를 건너면 사진 촬영 금지, 음식물 취식 금지, 금연, 마이크 사용 금지라고 다리 오른쪽의 예쁜 나무판에 작게 쓰여 있어서, 다리 건너기 전에 사진부터 한 장 찍었다.

참배도의 좌우에도 세계문화유산으로 지정된 구조물이 여러 점 있다

세계문화유산 어묘교, 뒤쪽으로 나무에 가려진 등농당이 보인다

등농은 대바구니 등불이라는 뜻이므로, 등농당은 묘소에 불을 밝히고 지키는 불당이라는 의미인 것 같다. 매년 8월 13일 저녁 7시에는 등농당부터 참배도 입구까지 2㎞의 오솔길에서 등을 밝히는 행사를 하는데, 이게 장관이라고 한다. 이를 고야산 '로소쿠마쓰리(ろそくまつり)'라고 한다. 등농당에 들어갔더니 천장에 많은 등이 달려있고, 불을 밝히고 있었다. 등불의 수가 2만 개라고 한다. 등농당을 지나니 홍법대사가 입적한 건물인 오지원이 있었다. 우리도 그 앞에서 참배함으로써 고야산 참배도 순례를 마쳤다. 순례를 마친 후 참배도 옆길로 빠져서 버스 종점으로 향했다. 버스 종점으로 가는 길에는 '동일본대지진 희생자 위령비'가 있었다.

동일본대지진은 2011년 3월 11일 오후 2시 46분에 일본 도호쿠(東北) 지방에서 발생한 일본 관측 사상 최대인 리히터 규모 9.0의 지진이다. 특히 지상

2011년 3월 11일 발생한 동일본대지진 희생자 위령비

으로 밀려든 대규모 쓰나미로 인해 전원 공급이 중단되면서 후쿠시마현 바닷가에 있는 원전의 가동이 중지되고 방사능 누출 사고가 발생했다. 지진의 진원은 미야기(宮城)현 오시카(牡鹿) 반도 동남쪽 130km, 해저 약 24km 지점이다. 이 지진으로 인한 사망자(실종자 포함)가 2만 5천여 명, 피난 주민이 33만 명에 이르는 것으로 집계되었다. 이 위령비는 사망한 2만 5천여 명의 혼을 위로하기 위하여 이곳에 만든 것이다. 비석에 쓰여 있는 物故者는 사망자의 일본어식 표현이다. 우리도 이 위령비 앞에서 잠시 묵념을 했다.

이제 대문(大門) 쪽으로 가서 세계문화유산 사찰들을 탐방해야 한다. 여기서 대문까지 바로 가는 버스가 없고 모두 고야산역으로 가므로, 일단 버스를 타고 다른 버스를 갈아탈 수 있는 은행 앞 삼거리에서 내렸다. 시간이 12시가 넘었기에 적당한 식당에 들어가서 점심부터 먹었다. 이 삼거리가 상가 거리여서 가게가 많고 식당과 은행 지점도 있었다. 점심을 먹고 찻집에 들어가서 차도 한잔한 후 대문행 버스를 타고 금강봉사 앞에서 내렸다. 옛날 산길을 걸어서 이곳으로 올라올 때는 대문을 지나서 고야산에 들어오는 구조로 되어 있었는데, 지금은 반대편에 전철역이 생기니 정문은 오히려 후문 방향이 되었고, 일부러 가지 않으면 볼 수 없게 되었다.

불귀신을 막은 물동이가 지붕에 있는 금강봉사(주전)

금강봉사(金剛峰寺)는 협의로는 주전(主殿)을 이르는 말이고, 광의로는 고야산 전체를 이르는 말이다. 우리는 주전으로 들어갔다. 주전은 1593년 도요토미 히데요시가 죽은 어머니를 기리기 위하여 세운 청암사(靑嚴寺)를 증축한 것이라고 한다. 이 건물의 지붕은 노송(히노키)의 껍질을 몇 겹씩 포개어 만든 것으로, 화재 시에 불을 빨리 끌 수 있도록 지붕 위에 빗물을 받아 놓는 물동이

화려한 근본대탑의 안에는 황금 불상과 불화가 있다

가 있다. '수동 스프링클러'이다. 그러나 저런 적은 양의 물로 실제로 불을 끌 수는 없을 것 같다. 불귀신(?)이 오지 말라고 하는 상징적인 의미일 것이다. 내부에도 입장이 가능하며 들어가면 방이 많다.

금강봉사에서 나와서 단상가람(壇上伽藍)으로 갔다. 이곳은 홍법대사가 승려들의 수행을 위하여 만들었다고 한다. 넓은 경내에는 고야산 창건 당시 세워진 금당, 고야산의 상징인 근본대탑 등 많은 건물이 있었는데, 모두 세계문화유산, 국보 및 중요문화재로 지정된 불당과 불탑들이다. 근본대탑은 선홍색으로 우뚝 솟아 있다. 층탑과는 다른 모습을 하고 있는 이 탑은 홍법대사와 다음 대의 2대 대덕(大德, 다이토쿠)에 걸쳐서 완성된 진언밀교의 상징이다. 높이가 48.5m로 매우 웅장하며, 내부에는 황금색으로 빛나는 불상과 화려한 색채의 불화가 있는데 만다라의 세계를 입체적으로 표현한 것이라고 한다. 배관료 200엔을 내면 입장할 수 있다.


근본대탑을 지나서 금당으로 갔다. 금당(金堂)은 고야산 불교 도시를 창건할 당시 홍법대사가 건립한 고야산의 총본당으로서 지금도 중요한 행사는 이곳에서 열린다고 한다. 현재의 건물은 7번째로 재건된 것으로 1932년 완성되었다. 서탑은 홍법대사의 건립 계획에 포함되어 있있는데, 당대에는 완성을 못 하고 2대 대덕(大德, 다이토쿠)이 886년에 완성했다. 지금의 것은 1834년 재건된 것으로 높이가 27m다. 일반인은 안으로 들어갈 수 없다.

계속해서 홍법대사가 거주하던 어영당(御影堂)과 커다란 종탑을 차례대로 보았다. 현재의 종탑은 1547년 재건된 것이라고 하며, 직경은 2.2m, 무게는 6톤이다. 지금도 하루 5번씩 종을 친다고 한다. 그 외에 1197년에 건립된 고야산에서 제일 오래된 건물인 부동당과 홍법대사의 전설이 깃든 소나무 등을 보았다.

　일본의 사찰에는 우리나라의 사찰의 관음전과 유사한 부동당(不動堂)이라는 건물이 있다. 이 건물은 일본 밀교의 본존인 대일여래(大日如來)의 화신 부동명왕(不動明王)을 모신 전각이다. 우리는 여기까지 탐방한 후, 순환버스를 타고 고야산역으로 나와서 역순으로 오사카 천왕사역까지 돌아왔다.

# 기이산(紀伊山)의 구마노(熊野) 삼대신사(三山)

우리는 고야산 불교 도시를 탐방한 후 귀국했다가, 1년 후에 오사카로 다시 와서 고야산과 함께 세계유산에 등재된 기이산맥 남쪽의 삼대신사를 의미하는 '구마노삼산(三山, 산잔)'를 탐방하러 나섰다. 같은 와카야마(和歌山)현에 있는 세계유산이지만 교통수단의 차이가 크다. 고야산은 오사카 어느 곳에서도 전철로 쉽게 접근할 수 있지만, 구마노 삼대신사는 여기저기 떨어져 있고 모두 교통이 나쁘다.

구마노삼산의 구마노(熊野)가 도대체 무엇인가? 구마노(熊野)라는 이름의 신사가 기이산이 아닌 다른 산에서도 본 기억이 있어서, 나는 혼자 생각하기를 '옛날 산악 지방에 사는 사람들은 곰이 자주 나와서 무섭고 피해를 입으니깐 곰을 섬기는 신사인가?'(별난 제신을 모시는 신사가 많다)라고 생각했다. 이번 세계유산 답사를 위하여 여기저기 자료를 찾아보다가 곰(熊, 구마)과 관련된 것이 아니라는 사실을 알았다. 와카야마현의 여행안내 홈페이지에는 아래와 같이 구마노 신앙을 소개하고 있다.

"수천 년에 걸쳐 굳은 암석으로 이루어진 구마노(熊野)의 기이산은 울창한 고목림, 웅장한 폭포수, 느긋하게 굽이진 강줄기를 품고 있으며 고대 일본인의 영적인 고향으로 여겨지는 곳입니다. '신들의 영지'라 불리는 기이산의 신비로운 풍광은 이곳을 찾는 이들에게 정화와 치유를 향해 나아가는 길을 열어 준다고 믿게 되었습니다."

이런 설명을 보니 구마노(熊野)라는 것은 기이산의 남쪽 산림이 울창한 산악지대의 호칭이었던 것 같다. 지금도 이 지역이 요시노구마노국립공원(吉野熊野國立公園)이다.

2018년 10월 답사에 나서면서 그 먼 곳을 갔다 오는데 달랑 유적만 보고 올수 없어서 인근에 관광지 몇 곳을 들르는 5박 6일 일정으로 계획하고 출발했다. 부산공항을 출발한 후 1시간 30분 지나서 오사카 간사이공항에 도착했다. 우선 'JR간사이와이드패스' 5일권을 구입했다. 이 패스는 우리가 가려는 와카야마현 전 지역과 서일본의 오카야마까지의 범위에서 모든 JR열차를 탈수 있지만, 와카야마현 내에는 신칸센이 운행되는 곳이 전혀 없어서, 와카야마현 여행은 특급열차를 타고 다녀야 한다. 공항에서 특급 하루카호를 타고 천왕사역에 내리니 11시 48분이었다. 여기서 12시 32분에 출발하는 기세본선 신궁(新宮)행 특급열차를 반드시 타야 한다. 다음 열차는 3시간 후인 15시 32분에 있기 때문이다. 우리는 식당에 가서 점심 먹을 시간이 부족하여, 역과 붙어 있는 킨테츠(近鐵)백화점의 지하 식품부에서 초밥 등 점심거리를 사서 열차를 탔다.

우리가 탐방하고자 하는 신사에서 가장 가까운 역은 종점인 신궁역인데, 그곳은 아주 시골이라서 호텔과 여관이 아예 없었다. 우리가 문화유적 탐방을 다니면서 이용하는 호텔은 주로 역 근처에 있는 비즈니스호텔(체인호텔)로 3성급이다. 아침을 포함해서 하루 숙박비가 대략 10,000~13,000엔 정도다.

우리는 종점 한 정거장 전(특급 기준)인 기이승포(紀伊勝浦)역에 내렸다. 정말 작은 역이었다. 역 앞에 대기하는 택시가 1대뿐이었다. 그러나 여기는 참치 잡이 어업기지이고, 승포온천이 있어서 호텔이 여러 개 있다. 우리는 '우라시마(浦島) 온천호텔'이라는 유명한 호텔을 예약하고 왔다. 유명한 이유는 호텔 내에 두 개의 동굴온천(1층)이 있는데, 바다 쪽으로 뻥 뚫려 있어서 태평양 바다가 한눈에 들어오고 파도가 크게 치면 온천탕까지 바닷물이 튀어 들어온다. 객실이 800실인 큰 호텔인데도 늘 만실이다. 등급은 3성급이고 숙박비도 3성급 요금이다. 호텔은 섬 같은 곳(섬은 아니지만)에 있어서 배로 접근해야 한다. 역에서 5분 정도 걸어가면 호텔 전용 선착장이 있고, 거기서 호텔 선박을 타고 8분 정도 들어간다. 선박의 운행 간격은 10~15분이다.

우라시마 온천호텔은 세 동의 큰 건물로 이루어져 있다

## 구마노 나치타이샤(신사)

　다음 날 호텔 선박으로 육지로 나와서 세계문화유산 구마노 나치타이샤(熊野那智大社)를 찾아 나섰다. 나치타이샤는 약칭으로 나치신사라고 불린다. 어제 내린 기이승포역 앞에서 구마노 나치신사까지 가는 버스가 1시간마다 있었다. 우리는 2,000엔을 내고 왕복권 2장을 산 후, 10시 25분 출발 버스를 타고 25분을 가서 나치산에 내렸다. 버스는 험한 산의 중턱까지 올라가서 승객을 내려 주고 돌아간다. 여기서부터 걸어서 신사로 올라가야 한다. 계단으로 되어 있어서 올라가기가 어렵지는 않았다. 15분을 걸어서 세계문화유산 구마노 나치신사에 도착했는데 본전은 수리 중이라 큰 가림막으로 가려 놓아서 보지 못하고 그 옆의 부속 건물만 볼 수 있었다.

구마노 나치타이샤(신사)의 본전 부속건물 앞에 삼족 까마귀 동상이 있다

그런데 부속 건물에도 지붕에 'X' 자 형 장식이 있는 건물이 많이 있었다. 'X' 자 장식이 있는 건물은 신(神)의 위패가 있는 곳이다. 이 신사는 아마도 모시는 제신이 여러 명일 것이라고 생각했다. 300엔을 내고 부속 건물 옆의 자료관에 들어가서 신사를 소개하는 비디오를 보고 자료를 찾아보니, 이 신사는 불의 신 후스미노오카미(夫須美大神)를 주신으로 모시고 다른 여러 신도 함께 모시고 있었다. 그래서 매년 여름 7월 14일에 불의 축제(那智の火祭)를 열고 있었고, '불의 축제'의 행사 장면이 비디오에 잘 소개되어 있었다.

수리 중인 본전은 지붕이 노송나무의 껍질로 만들어져 있고, 인덕천왕의 시대(317)에 현재의 위치에 창건되었다고 한다. 오다 노부나가가 태워 버린 것을 도요토미 히데요시가 재건했다고 한다. 경내에는 일본축구협회의 로고에도 이용되고 있는 '야타가라스(八咫烏, やたからす)'의 오석(검은 돌)과 수령 약 850년의 녹나무가 있다. 야타가라스는 다리가 3개인 까마귀. 신무천왕이 동쪽을 정벌할 때 이 까마귀가 구마노에서 야마토까지의 길을 안내했다고 하며, 구마노로 돌아와서 검은 돌로 변했다고 한다.

일본축구협회는 이 까마귀 문양을 로고로 사용하고 있는데 세 다리 중 한 다리로 축구공을 잡고 있다. 우리나라 고구려 무덤 벽화에서도 삼족오(三足鳥) 즉, 세 발 달린 까마귀가 나오는데 한국과 일본의 고대사는 확실히 많이 연관되어 있다. 구마노 나치신사의 사

일본축구협회의 로고는 세발 까마귀다

진의 오른쪽에 작은 3족 까마귀 동상이 있다.

신사의 바로 옆에는 불교 절인 청안도사(青岸渡寺)가 있었다. 이 절 역시 수리 중이라 안으로 들어갈 수는 없었다. 이렇게 신사와 절이 한 경내에 같이 있으면서, 일본인들은 사는 동안의 행복은 신사에 빌고, 죽은 후의 행복은 부처님께 빌었다고 한다. 청안도사는 본당보다 조금 아래 있는 삼층탑이 더 유명하다. 선홍색의 삼층탑은 마치 사층인 것처럼 보이고, 사진을 찍으면 뒤의 나치폭포가 함께 나와서 멋진 장면이 연출된다.

내려갈 때는 세계유산에서 말하는 참배길을 택했다. 삼나무가 울창한 가운데 바위로 만든 계단길이다. 옛날 이런 길을 몇십 일씩 걸어 올라오면 얼마나 힘들었을까? 참배길을 걷는 것만으로도 굳건한 믿음이 성취되었을 것 같다. 헤이안 시대에는 천왕도 교토에서 출발하여 30~40일씩 걸려서 여기에 왔다고 한다. 우리가 버스를 타고 올라올 때 저 아래에 참배길 시작이라는 버스 정거장이 있었고, 큰 배낭을 멘 서양인 두 명이 그곳에서 내려서 참배길로 걸어서 올라왔다. 우리는 나치폭포 앞까지만 참배길로 내려가고 거기서 버스를 타고 숙소로 돌아가기로 했다.

대수리 중인 청안도사 본당은 들어갈 수 없었다

청안도사의 명물 삼층탑, 나치폭포가 배경이 되어서 더욱 빛난다

세계문화유산 구마노 참배길

낙차 길이 133m의 나치폭포

　유적지 찾아가는 일본 여행

나치폭포는 가까이에서 보니 더욱 웅장했다. 나치폭포 앞에도 작은 비룡신사가 있고, 폭포를 향해서 합장하는 사람들도 있었다. 길이가 무려 133m에 이르는 나치폭포는 일본에서 낙차 길이가 제일 긴 폭포라고 한다. 폭포를 본 후 버스를 타고 호텔로 돌아와서, 동굴온천에서 목욕을 하니 과연 소문대로 운치가 있었다. 온천 이름이 망귀동(忘歸洞)이었다. 집에 돌아가는 것을 잊을 만큼 좋다고!

## 구마노 하야타마타이샤(신사)

또 다른 구마노삼산(熊野三山)의 하나인 세계문화유산 구마노 하야타마타이샤(熊野速玉大社)를 탐방하는 날이다. 자료를 찾아보니 신사가 의외로 시내에 있었다. 혹시 산에 있다가 이전했나 하는 생각이 들어 자료를 찾아보았는데 그런 이야기는 없었다. 호텔에서 배를 타고 나오니 기차 시간이 많이 남아서 호텔 전용 선착장 옆의 참치시장을 구경했다. 큰 참치를 해체하는 것도 구경했다. 기이승포역에서 10시 08분에 출발한 신궁(新宮)행 완행열차는 10시 41분에 신궁역에 도착하였다. 구글 지도를 보니, 걸어가기는 약간 먼 듯해서 택시를 탔더니 기본요금이 나왔다. 신사는 산 아래의 주택가 평지에 있었다. 신사 경내는 크지 않았으며 한 무리의 서양인들이 와서 둘러보고 있었다. 이 신사는 창건 연대가 알려지지 않고 있으며, 1883년 인근에서 하던 불꽃놀이의 불이 옮겨붙어서 신사가 전소되었다가 약 50여 년 전인 1967년에 현재의 모습으로 재건되었다. 신사의 본전은 한눈에 봐도 새 건물이었다.

이 신사는 일본 신화에 나오는 하야타마오노미코토(速玉男尊)를 주신으로 모시는 신사인데, 그 외에도 모시는 제신이 많아서, 3동의 건물에 각각 4명의 신(합 12명)을 모시고 있으며, 모시는 신의 목조 좌상(木造坐像)이 유명하다고 한다. 4개는 국보로 지정되었고(2005년 6월), 3개는 중요문화재로 지정되어(1899) 있다. 국보로 지정된 것은 구마노속옥대신좌상(熊野速玉大神坐像)·부수미대신좌상(夫須美大神坐像)·가진어자대신좌상(家津御子大神坐像)·국상입명좌상(国常立命坐像)이다. 일본어의 고유명사는 같은 한자라고 해도 읽는 발음이 제각각 달라서, 이 신들의 이름의 일본어 발음은 일일이 사전을 찾아보지 않으면 알 수 없다. 하여튼 일본에는 신도 많다. '구마노(熊野)'라는 이름이 붙은 신사만도 전국에 3,000여 곳이라고 한다.

구마노 하야타마타이샤(신사)는 시내에 있어서 탐방객이 많다

하야타마타이샤(신사)를 탐방한 후 이 신사의 별관인 신창신사(新倉神社)를 탐방하러 갔다. 주택가의 좁은 길로 15분 정도 걸어가서 신창신사 입구에 도착했는데 신사는 보이지 않고 가파른 계단이 하늘까지 이어지는 것처럼 나타났다. 마침 산 위에서 내려오는 일본인 2명을 만났다. 그분들에게 신사까지 얼마나 걸리는지 물어보니 20~30분 정도 걸린다고 했다. 우리 부부가 함께 10분쯤 올라갔는데 안식구는 가파른 계단을 더 이상 올라가기가 어렵다고 포기하였다. 나는 헉헉대며 올라가서 신사를 보았는데, 신사를 보고는 좀 실망했다.

구마노 하야타마타이샤의 별관 신창신사도 세계문화유산이다

신사라기보다 우리 식으로 말하면 기도할 때만 들르는 무인 암자였다. 작은 건물 하나인데 문은 잠겨 있었다. 다만, 신사가 큰 바위 밑에 있어서 신비감을 주기는 했다. 더구나 신사 위로 바위가 덮치지 않게 두꺼운 밧줄로 바위

를 묶어 놓은 시늉을 해 놔서 더욱 그랬다. 이 작은 신사도 세계유산 목록에
들어 있다.

우리는 신궁역으로 돌아와서 주위를 살펴보니 역 앞에 서복공원(徐福公園)
이 있었다. '서복이 여기에 왜?' 하고 들어가 보니 서복의 묘가 있었다. 서복은
중국 진나라 때의 인물로, 중국의 《사기(史記)》에는 서불(徐市, 서시라고 읽지 않는
다)로 기술되어 있다. 진나라 시황제의 불로불사하려는 소원을 풀어 주기 위
하여, 그는 수천 명의 인원과 함께 영약을 찾으러 배를 타고 떠났으나 중국으
로 다시 돌아오지 않았다고 기록되어 있다.

서복공원, 공원 안에 서복의 묘가 있다

저자가 사는 거제도에는 해금강이라는 바위섬이 있고 그 맞은편에는 해금
강을 내려다보는 우제봉(산)이 있다. 우제봉 정상의 큰 바위에 한자로 서불

과차(徐市過此, 서복이 여기를 다녀간다)라고 쓰여 있었는데 태풍으로 인하여 떨어져 나갔다고 주장하는 향토 사학자들도 있다. 아무튼 중국으로 돌아가지 않았다는 서복이 일본 신궁 마을에서 죽었다고 한다. 고대에는 이 신궁은 일본의 남쪽 끝이었다. 거제도는 한국의 남쪽 끝이고……. 뭔가 통하는 것 같기도 했다.

원래의 계획은 이곳 답사를 마친 후 구마노삼산 중에서 하나 남은 구마노 혼구타이샤(熊野本宮大社)(신사)를 찾아가는 것이었다. 그런데 버스 시간표를 보니 혼구신사는 구마노산 아주 높은 곳에 있어서 신궁역에서 그곳까지는 버스로 1시간 30분이 걸리고, 답사한 후에는 돌아오는 버스가 없었다. 할 수 없이 다음에 가기로 했다. 호텔로 돌아가서 태평양이 잘 보이는 호텔 동산에 올라가서 산책하다가 동굴온천욕을 즐긴 후에 휴식을 취했다.

# 노벨문학상 수상작인《설국(雪國)》의 무대, 에치고유자와(越後湯澤)온천

1964년 10월에 도쿄에서 아시아 최초로 올림픽이 열려서 변방 취급을 받던 아시아가 전 세계에 소개되는 기회가 되었다. 이 여파를 이용하여 일본은 노벨문학상을 받기 위하여 몇 명의 작가와 그들의 작품을 스웨덴 한림원에 추천하였다. 그 결과 1968년에 노벨문학상을 받기는 받았는데, 일본 문학계에서 볼 때 좀 뜻밖의 인물인 가와바타 야스나리(川端康成)가 받았고, 그의 대표작을《설국(雪國)》으로 발표하였다. 그리하여 일본이 시끌시끌하였다. 이 작품은 12년(1935~1947)에 걸쳐서 〈문예춘추〉 등 여러 문예지에 나누어 연재되었고, 1948년 창원사(創元社)에서 다시 정리하여 단행본으로 간행한 것이었다. 즉, 노벨상을 심사한 시기로부터 20~30년 전에 쓴 작품이다.《설국(雪國)》의 첫 줄은 이렇게 시작한다.

"국경의 긴 터널을 빠져나오자, 눈의 고장이었다. 밤의 밑바닥이 하얘졌다. 신호소에 기차가 멈춰 섰다."[4]

지금 읽어 보아도 명문장이다. 소설 설국(雪國, 유키구니)은 눈이 엄청 많이 오는 에치고유자와(越後湯澤) 온천 마을을 배경으로 쓰였으며, 작가가 실제로

---

4   여기서 국경은 군마현과 니가타현의 경계를 말한다. 전국 시대에는 번주가 다스리는 영지를 ○○국(國)이라고 하였다. (예: 가나자와국, 사쓰마국)

이 온천의 여관에 묵으면서 쓴 소설이다. 에치고유자와는 지금도 온천과 스키장으로 유명하다. 소설의 내용은 다음과 같다.

"도쿄에 사는 백수인 시마무라(島村)는 부모의 유산으로 한가롭게 여행을 다닌다. 그러다가 눈이 많이 오는 온천 마을(작가는 설국으로 비유함)을 방문하게 되었고, 여기서 퇴역 기생인 고마코(駒子)를 만나게 되어 그녀에게 끌려서 온천장을 여러 번 찾아간다. 시마무라와 고마코 사이에 고마코가 좋아하는 미소녀 요코(葉子)가 끼어들어서 미묘한 삼각관계가 형성된다."

작가가 묵으면서 소설을 쓴 다카한(高半)여관의 현재 모습

노벨문학상 수상자가
발표된 후에 호불호의 평
가로 논란이 많았다. "설
국은 에치고유자와(越後
湯澤)를 무대로 한 눈 마
을의 풍경·풍물을 배경으
로 함축성 있는 관능 묘
사가 잘 살아 있다."라고

작가가 글을 쓸 때의 여관 모습(여관에 있는 자료 사진)

평하거나, "설국은 비현실의 세계에서만 존재할 수 있는 순일한 미의 구축에
성공했다."라고 칭찬한 평론가도 있었지만, 비판한 평론가가 더 많았다.

작가는 1899년 6월 오사카에서 태어났다. 어려서 부모를 사별한 것과 병약
한 체질은 그의 문학에 허무와 고독, 죽음 등의 그늘을 던졌다고 한다. 오사
카 제1고등학교 졸업 후 도쿄제국대학 영문과에 입학하지만, 곧 국문과로 전
과하고 1924년 졸업했다. 작가는 노벨상을 수상한 후 스트레스가 많았다고
하며, 상을 받고 4년 후인 1974년 4월 자택에서 자살하였다. 당시 74세였다.

작가가 노벨상을 수상할 때 저자는 고등학교 3학년이었다. 국어 시간에 선
생님도 아시아에서 노벨문학상을 받은 것은 참 의미가 있다는 말씀과 함께,
노벨문학상 작품이므로 혹시 대학 본고사 국어시험에 지문으로 나올지도 모
른다는 말씀도 하셔서, 책을 사서 읽어 보았는데 내용이 전혀 이해가 되지 않
았다. 서양 소설이었다면 노벨상 수상자 발표 후 급히 번역해서 번역의 문제
라고 할 수도 있겠지만, 일본 소설은 번역의 문제가 거의 없다. 그만큼 이 소
설은 쉽게 이해하기 어렵다. 저자는 2002년 민음사에서 다시 번역한 책을 읽
어 보고 소장하고 있다. 나이 70세가 되어 가는 이제는 좀 이해가 되는 것 같

다. 이 소설은 명확한 플롯이 없는 대단히 모호한 작품이다.

고등학교 때 인상 깊게 읽었던 《설국》의 무대를 찾아가 보기로 하고 2018년 9월 친구 4명이 출발했다. 사실 설국의 분위기를 느끼려면 눈이 쌓이는 겨울에 가야 한다. 그러나 이곳에는 유명한 스키장이 있음에도 호텔은 몇 곳 없어서, 객실을 예약하기 어렵고 가격

저자가 처음 타 본 2층 신칸센 열차

도 많이 비싸서 여름에 가게 되었다. 소설에서 보면 그 옛날에도 스키장이 있었다.

작가가 작품을 쓸 때는 재래선 석탄 열차가 산을 휘감고 올라가야 해서 7~8시간 걸리고, 눈이 많이 오면 운행이 중지되었지만, 지금은 산속으로 긴 터널을 뚫어서 도쿄역에서 니가타행 신칸센 고속열차를 타고 1시간 30분이면 도착한다. 이 노선의 신칸센에는 2층 열차가 운행되는데 보기에는 멋있어도 실제 타 보니 아주 불편했다. 가방을 들고 타야 하는데 1층 좌석은 계단을 내려가야 하고, 2층 좌석은 계단을 올라가야 한다.

다카한여관까지는 에치고유자와역에서 걸으면 20분 정도 걸리는데, 역에 도착한 후 여관에 전화를 하니 스타렉스 정도 되는 차를 보내 주었다. 여관은 이미 현대식 건물로 재건축되었기 때문에, 1층 프런트에서 2층으로 올라가는

다카한여관 2층에 보존하고 있는 저작 당시의 작가의 방

에스컬레이터도 있다. 2층은 설국관이라고 부르는 자료실이고, 객실은 3층부터 있었다. 2층 설국관이 이 여관의 하이라이트다. 《설국》의 작가가 쓰던 방이 호텔을 증축하면서 없어지게 되자 같은 모양, 같은 사이즈로 똑같은 방을 2층 설국관에 만들어 놓았고, 그때의 집기 비품(소설에도 나온다)을 그 방 안에 그대로 비치하였다.

그 옆에는 가와바타 야스나리의 자료실이 있어서 작가와 관련된 여러 자료를 잘 보존·전시하고 있었다. 그리고 매일 밤 8시부터는 영화 〈설국〉을 상영하고 있어서 자자도 보았다. 흑백영화이고 정사각형 화면인 것으로 보아 1957년에 만들어진 영화 같았다. 1965년에도 또 한 번 영화로 만들어졌다. 우리는 아쉬운 하룻밤의 여행이었지만, 머리에 깊이 박혀 있던 고등학교 시절의 감흥을 실제로 확인해 본 매우 만족스러운 1박 2일이었다.

다카한여관 2층의 설국관 자료실

# 나가노현의 선광사(善光寺)와 마쓰모토성(松本城)

나가노(長野)현은 북알프스의 산악지대다. 산악지대이고 눈이 많이 오는 곳이니 스키장이 많다. 현청 소재지인 나가노시는 1998년 일본에서 두 번째로 동계올림픽을 개최하였다. (첫째는 1972년 삿포로시다.) 일본 나가노시도 우리나라 평창군과 같이 동계올림픽의 흔적은 아무 곳에도 남아 있지 않아서 안타깝다. 그래도 일본이 우리보다는 조금 낫다. 우리 평창군은 개·폐회식장을 큰돈을 들여서 없애 버렸는데, 나가노시는 당시의 개·폐회식장을 야구장으로 개조하여 지금도 사용하고 있다.

우리나라의 고속철 경강선과 마찬가지로 나가노까지 가는 고속철 신칸센은 동계올림픽을 보러 온 관광객들에 대한 수송 편의를 도모하고자 올림픽이 개최되기 직전에 개통되었다. 교통이 편리해진 나가노현은 중요한 문화유적이 두 곳 있는데, 하나는 무종파절 선광사(善光寺, 젠코지)이고, 또 하나는 마쓰모토시의 마쓰모토성(松本城)이다.

## 선광사(善光寺, 젠코지)

일본의 3대 사찰 중의 하나인 선광사는 종파가 없는 절이다. 642년에 창건된 후, 1179년에 발생한 화재로 소실되었다가 에도 시대 중기인 1707년에 재건되었다. 1,400년의 역사를 자랑하는 선광사는 전국 각지에서 수많은 참배객이 찾아오는, 일본인들에게 매우 사랑받는 절이다. 본당에는 일본에서 가장 오래된 불상이 안치되어 있으며 불교의 어떤 종파에도 속해 있지 않다.

17세기 초에 지어진 본당은 일본의 국보로 지정되어 있는데, 지하로 내려가는 폭 10m의 통로에는 아미타여래 삼존 불상이 보관된 밀실 성지가 있다. 지하 밀실로 연결되는 문은 열쇠로 잠겨 있는데, 전설에 따르면 순례자들이 이 밀실 문고리를 만지고 나서 지하 통로 밖으로 나오면 극락왕생한다고 한다. 아미타여래삼존불상은 지금까지 누구도 직접 본 적이 없는 비불(秘佛)로 유명하

선광사 본당 앞에서 찍은 저자 일행의 기념사진

다. 이를 모방하여 제작한 것이 중요문화재로 지정된 마에다치혼존(前立本尊)인데, 7년마다 한 번씩 일반에 공개한다고 한다. 나가노(長野)역에 내려서 앞을 보면 절이 멀리 보인다.

우리가 방문했을 때 일본인 방문자는 매우 많았는데 외국인은 우리뿐인 것 같았다. 그 많던 중국인이 여기서는 전혀 보이지 않았다. 조용한 것을 좋아하는 일본인은 중국인 단체 여행객의 시끄러움에서 해방되었으니 오히려 좋아할 것 같다. 실제로 최근 일본의 대도시에는 중국인을 비롯한 외국 관광객이

너무 많이 와서 여러 문제가 발생하고 있으며, 관광지 보수 경비를 충당하기 위하여 2019년 1월부터 출국세(1인당 1,000엔)를 신설하였다.

## 마쓰모토성(松本城)

작지만 아름다운 일본 국보 마쓰모토성

마쓰모토(松本)시는 나가노(長野)현에서 나가노시 다음으로 큰 도시다. 특별한 유적이 없는데 일본의 국보로 지정된 마쓰모토성이 있다. 많은 관광객이 원형이 잘 보존된 국보성 마쓰모토성을 보러 찾아온다. 마쓰모토성은 1504년에 오가사와라(小笠原) 가문에서 쌓기 시작하였다고 한다. 처음 이름은 후카시성이었는데, 1582년 마쓰모토성으로 바뀌었다고 한다. 도쿠가와 이에야스가 에도(현, 도쿄)로 이전하면서, 에도로 따라간 오가사와라 가문을 대신하여 이시카와 가즈마사(石川和正)가 마쓰모토성에 입성하여 성곽 공사와 성 밖의 시가지를 만들기 시작했고, 아들인 야스나가(石川康長)가 공사를 이어 맡아서 1594년에 완성하였다고 한다. 현재의 성은 에도막부 이전에 세워진 성 내부의 원형을 잘 보존하고 있다.

천수각 안에는 총기박물관인가 하는 생각이 들 정도로 각종 총이 많다. 그리고 전국 시대 다이묘끼리 어떻게 싸웠는지, 남녀의 역할은 어떻게 나누어져 있었는지 등이 자료와 벽보로 잘 설명되어 있다.

마쓰모토성을 찾아가는 방법은 도쿄역에서 니가타행 신칸센을 타고 가다가 나가노역에 내려서 마쓰모토로 가는 JR재래선으로 갈아타고 가는 방법이 있고, 또 하나는 도쿄 신주쿠역에서 JR특급열차로 바로 마쓰모토역(종점)까지 갈 수도 있다. 성의 관람료는 610엔이다.

# 에도막부 시대의 유산인 중산도(中山道)

도쿠가와 이에야스가 1603년 에도막부를 설립하면서 일본에는 오랜만에 전쟁이 그치고 평화가 찾아왔다. 도쿠가와는 이 평화를 지속하려면 지방의 다이묘(번주)들을 잘 견제하는 것이 필요하다는 것을 누구보다도 잘 알고 있었다. 그래서 다이묘를 통제하는 여러 가지 정책을 펼친다. 그중 하나가 '일번일성제도'이다. 이는 각 번에 있는 여러 성(城, 천수각과 부속 건물들) 중에서 번주가 사용하는 성 하나만 남겨 놓고 나머지 성은 다 허물도록 한 것이다. 또 하나는 '참근교대(參勤交代)제도'다. 글자를 보면 참근은 주군(쇼군) 밑에서 근무하는 것이고, 교대는 다른 번주와 근무 교대를 하고 자기는 휴가를 얻어서 집으로 가는 것이다.

참근교대제도에 따라 일본 전역에 있는 다이묘들은 1년을 주기로 수도인 에도와 자신의 영지를 번갈아 가며 생활해야 했다. 또한 번주가 영지로 돌아갈 때도 다이묘의 처와 장남은 에도의 번저(각 번의 에도에 있는 저택)에 남아서 생활을 해야 했다. 일종의 인질을 잡아 놓는 것이다. 고향을 떠나서 에도로 참근하러 갈 때는 다이묘 혼자만 가는 것이 아니라 다이묘의 가신과 휘하 무사들도 한꺼번에 움직이므로 이 과정에서 이동하거나 체류하는 데 들어가는 비용도 적지 않았다. 물론 이 비용을 본인의 영지에서 부담해야 했다.

이 제도가 차츰 정착하게 되니, 다이묘들의 행렬은 곧 해당 번국의 세력을 과시하는 행사의 성격도 가지게 되었다. 이 때문에 행렬의 규모가 점점 화려해졌고, 세력이 약한 다이묘도 체면상 무리를 해서 행렬을 화려하게 꾸며야 하는 상황에까지 이르렀다. 이런 과시가 지나쳐서 번국이 경제적으로 파탄 나는 상황을 우려하게 되자, 막부 측에서 행렬의 규모를 제한하는 사례도 생겼고, 에도 후기가 되면서 재정적인 부담을 덜고자 행렬이 간소화되었다. 에도 시대 말기 분큐(文久)의 개혁(1862) 때부터는 3년제가 되었다. '금문의 변'(아래 설명 참고)을 계기로 막부의 힘이 예전 같지 않자 사쓰마번, 조슈번을 비롯해 따르지 않는 번이 많아졌고, 흐지부지되다가 1867년 대정봉환과 함께 참근교대제는 공식 폐지되었다.

이 참근교대제로 인하여 각 번은 도쿠가와 막부에 반기를 들기가 매우 힘들었고, 도쿠가와 가문이 15대에 걸쳐 260여 년 동안 큰 반란 없이 번영을 누릴 수 있는 한 요인이 되었다. 그런데 이 제도는 의도하지는 않았지만 사회적으로 긍정적인 효과를 거두었다. 즉, 일본 각지의 영주들이 1년마다 에도와 본거지를 왕복해야 했으므로 그 과정에서 도로와 숙박 마을이 크게 발달하였고, 이들을 대상으로 한 상업도 덩달아 발전했다. 또한 지방의 문물이 에도로 모이고, 반대로 에도의 발달한 문물이 각 지방으로 퍼지는 문화의 선순환 효과도 있었다. 에도막부 이전에는 천왕과 지배자가 모두 교토에 있었기 때문에 교토 주변만 상업과 교통이 발달하였다. 에도막부가 시작되면서 천왕은 교토에 있고, 막부의 쇼군은 에도(현, 도쿄)에 있게 되었으며, 전국의 각 번은 1년마다 에도를 왕복하게 되므로 각 번에서 에도로 가는 길을 개척하게 되었다. 에도막부가 설립되기 전까지는 에도가 변방이었기에 에도 부근에는 제대로 된 길이 없었다.

여기서 잠깐 금문의 변에 대하여 알아보자. 금문의 변은 일본이 개방적인 근대사회로 가는 시작점이다. 에도 시대에는 참근교대제에 의하여 각 번의 큼직한 저택이 에도에 있었다. 그런데 천왕이 교토에 있고 각 번이 교대로 천왕을 호위해야 하므로 교토에는 천왕과 번을 감시하는 막부순찰군과 각 번의 교토 저택들이 있었다. 일본의 개방 혼란기에 조슈번(현, 야마구치현)이 서양과 시모노세키전쟁을 벌여 패배하고 권력의 중심에서 완전히 밀려나게 되자, 이 상황을 타개하기 위하여 정변을 일으켜 막부 쇼군의 권력을 천왕에게 되돌리려는 계획을 세운다.

그렇게 계획을 세운 조슈번은 1864년 7월 19일, 교토의 하마구리문을 공격하는 것을 시작으로 반란을 일으킨다. 교토 궁궐의 하마구리문은 막부군사와 아이즈번 군사들이 지키고 있었다. 처음에는 조슈번이 우위를 점하는 것처럼 보였으나, 사쓰마번(현, 가고시마현) 군사가 막부를 지원하게 되면서 수세에 몰리기 시작한다. 이때부터 조슈 군사가 퇴각하는데, 퇴각 시간을 벌기 위하여 교토에 있는 자기 번의 저택에 불을 질렀다. 이 불이 대화재로 번지면서 교토의 많은 건물과 정토진종의 본산인 동본원사(同本願寺, 히가시혼간지)가 전소되었다. 전투가 벌어진 하마구리문은 천왕이 있는 곳으로 통하는 문이라서 일반인은 출입할 수 없는 금문(禁門)이었다. 그래서 이 사건을 '금문의 변'이라고 한다. 반란이 진압된 후 막부는 조슈번을 그대로 둘 수 없어서 조슈 토벌군을 조직하여 제1차 조슈 정벌에 나섰으나 실패한다.

다시 길 이야기로 돌아간다. 이렇게 각 번에서 에도로 가는 길을 내게 되자, 에도로 가는 동서남북에 5개의 큰길이 나게 되었다. 이 중 제일 중요한 큰길 2개가 생겼다. 하나는 교토에서 남쪽 태평양 해안을 따라서 에도까지 가는 480㎞의 동해도(東海道, 도카이도)다. 또 하나는 교토에서 중부 알프스 산악

지대를 넘어가는 520km의 중산도(中山道, 나카센도)다.

하지만 길만 있다고 에도를 갈 수 있는 것은 아니다. 참근교대의 행렬은 인원이 50~100명이고 말과 짐이 있는 큰 집단인데, 에도까지 50~60일을 가려면 밥도 먹어야 하고, 잠도 자야 한다. 그러므로 동해도와 중산도의 중간중간에는 행렬의 숙박을 위한 마을(宿, 주쿠)이 생기게 되었다. 출발 지점과 도착 지점은 제외하고, 동해도와 중산도에는 각각 51곳, 67곳의 숙박 마을이 생겼다. 중산도가 동해도보다 숙박 마을이 16곳이나 많은 것은 평지인 동해도와 달리 중산도는 산길이기 때문에 하루에 이동할 수 있는 거리가 짧았고, 길 자체도 40km가 더 길었기 때문이다. 동해도는 교토 서쪽의 50여 개의 번이 주로 이용하였고, 중산도는 교토 북동쪽의 30여 개 번이 주로 이용하였다고 한다.

한편, 오가는 사람을 감시하기 위하여 중간중간에 막부가 운영하는 관소(關所 = 검문소)가 생겼다. 이동하는 사람을 검문하는 막부의 관소는 입철포출녀(入鉄砲出女) 단속이 큰 임무였다고 한다. 입철포출녀 단속이란 에도로 들어가는 총기류를 막고, 에도에서 지방으로 나가는 여자를 단속하는 것이다. 전쟁이 없어진 에도 시대 초기부터 매춘업이 발달하였다. 여기저기에 유곽이 많이 생겨서 문제를 일으키게 되자, 1617년 막부는 에도의 요시와라(吉原)를 매춘업 허가 지역으로 지정하고 모든 유곽을 이곳으로 이전하도록 하였다. 이 과정에서 막부의 지시를 어기고, 이 업에 종사하는 여자들이 에도를 벗어나려고 하였다고 한다. 물론 남자든 여자든 사고를 치고 에도를 탈출하려는 사람들도 있었을 것이다.

메이지유신 이후의 급속한 경제 발전에 따라 동해도는 지금의 국도 1호선이 되면서 도로 확장, 관동대지진에 의한 재해 등으로 도로 형태가 옛날과는 완전히 달라졌다. 그러나 중산도는 동해도와 같은 산업도로가 아닌 산길이라서 자동차가 이용할 수 없었고, 도로도 확장되지 않았으므로, 에도 시대에 사용하던 길과 숙박 마을이 비교적 잘 보존되었다. 1960년대 이후 이 유적을 적극적으로 보존하려는 운동이 벌어졌다. 특히, 열차로 접근하기가 좋은 나가노현의 쓰마고주쿠(妻籠宿)와 나라이주쿠(奈良井宿)에는 많은 관광객이 방문한다. 그 밖의 숙박 마을에서도 역사자료관 등을 만들고 관광객을 유치하고 있으며, 쓰마고주쿠(妻籠宿)와 마고메주쿠(馬籠宿) 사이에 있는 마고메 고개(800m) 주변에는 자연 트레킹코스가 정비되었다.

우리나라는 백두대간(태백산맥)이 강원도 고성에서 지리산까지 이어져 있는데, 이 백두대간의 마루금을 따라서 걷는 '백두대간 종주'가 유명하다. 일본도 비슷하다. 이 중산도를 처음부터 끝까지 걷는 트레킹 코스가 유명하다. 간 타구지(菅卓二)라는 일본인이 나이 80세 때 이 중산도를 혼자서 종주하여 일본 신문에 난 적이 있다. 우리 부부는 중산도의 맛을 느끼기 위하여 마고메 마을(馬籠宿)에서 쓰마고 마을(妻籠宿)까지 한 코스만 트레킹하기로 마음먹고 비행기를 탔다.

2017년 6월 어느 날, 12시 50분 나고야 중부공항에 내린 우리는 공항에서 메이테츠(名鐵) 전철을 타고 30분 후 나고야역에 도착했다. 나고야 중부공항에는 JR열차가 들어오지 않아서 무조건 이 회사의 전철을 타야 한다(요금 870엔). 점심은 기내식을 먹은 것으로 때웠다. 메이테츠나고야역에서 JR나고야역으로 걸어가서, 15시 정각에 출발하는 나가노행 JR특급열차 시나노17호를 타고 16시 정각에 나기소(南木曾)역에 내렸다. 겨우 한 시간 탔는데 요금이 2,840엔이다. 이렇게 건건이 표를 사면 비싸다. 그러나 이번 우리 일정에는 적합한 JR패스가 없었다. 역에서 쓰마고 마을(妻籠宿)은 가깝기 때문에 택시를 타고 예약한 하나야(波奈屋)여관으로 갔다. 2박(조·석식 포함)에 41,040엔을 지불하였다.

일본의 여관(旅館, 료칸)은 온천이 딸려 있든 그렇지 않든 저녁을 포함하는 것이 원칙이며, 저녁 식사로는 각 여관의 특색을 보여 주는 일본 정식이 나온다. 음식도 한꺼번에 나오는 것이 아니고 순서대로 가져다준다. 그래서 식당에 앉기 전까지는 오늘 무슨 요리가 나오는지 모른다(매일 달라진다). 익숙해지면 참 재미있다. 식사를 도와주는 직원에게 일본 전통 음식에 대한 설명도 들을 수 있다. 식당은 다다미방에 양반다리로 앉아서 먹어야 하는데, 요즘 서양인이 많이 찾는 하코네 등 유명 관광지의 여관에서는 식당의 식탁을 서양식으로 바꿔 놓았다.

리모델링한 하나야여관은 쓰마고 마을에서 가장 좋은 여관이다

쓰마고 마을의 거리, 건물들의 2층은 당시나 지금이나 민박 여관이다

    일본의 여관은 우리나라 여관과는 개념이 완전히 달라서, 가격은 서양식 호텔보다 비싸고 객실마다 노천온천이 딸린 고급 여관은 1박에 10만 엔이 넘는 곳도 많다. 이런 고급 여관들 중에는 식사를 자기 방에서 할 수 있게 식탁과 음식을 가져와서 여직원이 서비스해 주는 곳도 있다. 이런 여직원을 나카이(仲居)라고 한다. 우리 부부는 딱 한 번 고급 여관을 경험하였다. 일본에서 개최된 행사에 초대를 받아서 규슈 우레시노 온천의 다이쇼야(大正屋)에서 묵었었다. 일본 여관을 처음 가는 사람은 저녁을 먹은 후 자기 방에 돌아오면, 방 안에 이부자리가 반듯하게 펴져 있는 것을 보고 놀란다.

    다음 날 아침 우리는 배낭을 메고 트레킹을 시작했다. 쓰마고와 마고메 사이에는 중간에 높은 고개가 있어서 어느 쪽에서 출발하더라도 작은 산을 하나 넘어야 한다. 우리는 버스를 타고 마고메로 가서 마고메 마을에서 점심을 먹

트레킹 코스 이정표

은 후 산을 넘어서 숙소로 오기로 했다. 여관을 나서서 버스를 타기 위하여 마을 중심부로 천천히 걸어 가면서 옛날 마을이 잘 보존된 것을 보았다. 중간의 트레킹 이정표를 보니 오늘 우리가 걸어야 하는 거리가 7.7㎞이다.

버스를 타고 마고메 마을에 도착하니 비가 가늘게 오다 말다 하였다. 마고메 마을은 쓰마고 마을과 달리 마을이 급경사 언덕을 따라서 형성되어 있었다. 우리는 상부 입구에 내려서 마을길을 따라서 하부 입구로 내려갔다. 가는 도중에 각종 가게들과 우체국이 있

었다. 우리는 하부 마을로 내려가서 점심을 먹고 오후 1시에 트레킹을 시작하였다. 비가 오지 않고 흐리기만 한 날씨여서 트레킹하기에는 아주 좋았다.

마고메 마을에서 트레킹을 시작하였는데 계속 완만하게 올라가는 길만 나왔다. 평일이라서 그런지 트레킹을 하는 사람도 별로 없는데, 우리 앞뒤에는 서양인, 베트남인도 있었다. 계속 올라가다 보니, 아주 오래되어 보이는 돌기둥에 '구마노신사(熊野神社)'라고 쓰여 있는 신사가 나타났다. 나는 '이 신사는 곰을 제신으로 모신 신사구나.' 하고 생각하면서 그 옆을 지나갔다. (훗날 와카

마고메 마을, 건물들의 2층은 당시나 지금이나 민박 여관이다

야마현의 구마노삼산(三山)에 가 보고 곰 신사가 아닌 것을 알았다.) 2시간 정도 걸었더니 마고메 고개의 정상이 나타났다. 이 지점이 해발 801m임을 알려 주는 팻말이 있었다. 베트남인이 혼자 트레킹을 하고 있다가 우리 부부를 위하여 사진을 찍어주었다.

곰으로 인한 피해를 막기 위한 종

이제부터는 완만하게 쓰마고 마을까지 내려가는 길이었다. 마고메에서 출발해서 고개 정상까지 올 때는 마을의 언덕길 같았는

데, 여기서부터는 숲이 우거져 있었다. 우리의 걸음이 좀 늦어서 앞뒤의 사람들이 다 먼저 가 버리니 조금 으슥한 기분이 들었다. 숲길을 걷는 도중에 곰이 나올 수 있으므로 주의하라는 안내문이 있었고, 일행의 숫자가 적으면 종을 치고 걸어가라고 군데군데 작은 종이 매달려 있었다. 곰이 종소리를 듣고 나오지 않도록 사전에 방지하는 것이리라. 역시 일본은 안전을 중요시하는 나라라는 생각이 들었다.

숲속을 계속 내려가서 쓰마고의 우리 숙소에 도착했더니 오후 4시 30분이었다. 7.7㎞를 걷는데 3시간 30분 걸렸으니 상당히 천천히 온 것이다. 우리 숙소는 옛날 건물을 객실만 리모델링한 여관이므로 객실 내에는 화장실도, 샤워실도 없었다. (그래도 쓰마고 마을에서 제일 좋은 여관이다.) 숙소 내의 작은 공용 목욕탕(온천수는 아님)에 내려갔더니 다른 손님이 없어서 나 혼자 목욕을 하면서, 여관에서 오늘 저녁은 무엇을 줄 것인가를 상상하고 있는데 '우두두두' 하는 소리가 났다. 창문을 보니 비가 많이 쏟아지고 있었다. 참으로 운이 좋은 하루였다.

마고메~쓰마고 간의 트레킹 코스의 중간지점인 마고메 고개

# 호쿠리쿠(北陸) 지방의 후쿠이(福井)와 가나자와(金澤)

일본의 호쿠리쿠(北陸) 지방은 혼슈(本州)의 중간 부분에 있으면서 우리나라의 동해와 마주하고 있다. 이 지역에 속하는 현은 니가타현, 도야마현, 이시카와현, 후쿠이현의 4개 현이다. 왜 북륙이라는 명칭이 붙었는지는 잘 모르겠는데, 이 지역은 눈이 많이 오기로 유명하다. 시베리아 한랭기류가 일본의 고산지대인 북알프스 산맥에 부딪히는 위치라서 겨울에 폭설이 내린다. 북륙 4개 현 중 니가타현이 눈이 가장 많이 온다. 따라서 니가타현에는 스키장이 많이 있다. 에치고유자와, 묘코고원 등 대형 스키장이 니가타현에 있다.

우리 일행 4명은 교토를 출발하여 조용하고 중국인 단체 여행객이 없는 유적지를 찾아서 북륙 지역으로 기차 여행을 하기로 했다. 코스는 교토~후쿠이~가나자와~니가타~도쿄로 정했다. 그리고 중간에 가고 싶은 곳이 나타나면 일정을 수정하기로 하였다. 이동하는 루트가 JR 3개 회사의 구역이기 때문에 JR전국패스를 샀다. 이 패스는 전 일본의 JR열차(신칸센 포함)를 지역 제한 없이 7일간 이용할 수 있다. 당연히 가격도 비싸서, 일본에서 사면 33,000엔인데, 한국의 '쿠팡' 등 인터넷 판매소나 'JTB여행사', '여행박사' 등의 여행사에서 교환권을 사서 JR역에서 교환하면 29,000엔이다. 도쿄역에서 후쿠오카(하카타)역까지 신칸센 1회 왕복 요금이 46,000엔이니 패스가 저렴한 것을 알 수 있다. JR패스는 3개월 이내 체류하는 외국인만 살 수 있는 제도이다.

JR은 우리나라와 비슷한 과정을 거쳐서 탄생한 일본 철도회사다. 일본 철도청으로 있을 당시의 영문명은 Japan National Railways였는데, 1987년 4월에 이 회사를 7개로 나누어서 민영화하면서 가운데의 National을 뺐다. 북해도 섬을 관할하는 JR북해도, 도쿄에서 북해도 앞까지 관할하는 JR동일본, 나고야 인근을 관할하는 JR동해(이 회사 영문명은 특이하게 JR Central이다), 교토부터 서쪽 규슈 앞까지 관할하는 JR서일본, 시코쿠 섬을 관할하는 JR시코쿠, 규슈 섬을 관할하는 JR규슈, 화물 수송을 담당하는 JR화물, 이렇게 7개로 나누어 민영화하였다.

이 7개 회사 중에서 이익이 나는 JR동일본, 서일본, 동해, 규슈, 4개 회사는 민간자본 100%이며 증권시장에 상장되어 있다. 나머지 JR북해도, 시코쿠, 화물의 3개 회사는 이익이 나지 않기 때문에 주식을 상장하지 못하고 정부가 주식의 100%를 갖고 끙끙 앓고 있다. 앞으로 이익이 나면 민영화하고 주식시장에 상장할 계획이지만, 북해도와 시코쿠에는 신칸센이 없기 때문에 이 지역을 담당하는 JR사는 이익을 내기 어렵다. JR규슈도 규슈에 신칸센이 들어오기 전까지는 적자였다가 신칸센이 후쿠오카를 거쳐 가고시마까지 운행하게 되면서 흑자로 전환됐다.

모든 회사는 JR그룹으로 묶여 있으며, 철도 외에도 버스, 선박 등의 운송업과 호텔 등의 서비스업도 하고 있다. 각 회사는 자기 지역을 다시 몇 구역으로 나누어서 여러 종류의 JR패스를 판매한다. 대도시 오사카와 유적지가 많은 교토, 히로시마 등이 속해 있는 JR서일본에서는 매우 다양한 패스를 판매한다. JR패스를 사면 JR에서 운영하는 버스, 선박도 패스를 보여 주고 탈 수 있다. 인터넷 홈페이지에 들어가면 한국어로 자세하게 안내되어 있다.

우리는 교토에서 여기저기 다니고 오후 늦게 후쿠이(福井)행 특급열차를 탔다. 교토역을 출발해서 1시간 30분 후에 후쿠이역에 도착했는데, 조용한 역전에는 큰 공룡 조형물이 있었고, 역사 건물의 벽에도 온통 공룡을 그려 놓았다. 후쿠이현 승산시(勝山市, 가쓰야마)에서 공룡 화석이 많이 나왔기에, 공룡 박물관을 지어서 보존한다고 한다. 역전에도 공룡 조형물을 설치하여 '후쿠이현은 공룡이다!'라는 메시지를 명확하게 보여 주고 있었다. 후쿠이역에 도착한 우리는 저녁 식사를 하고 호텔로 들어가고자 두리번거렸으나, 얼마나 시골인지 역사 안은 물론 역 밖에도 식당이 없었다. 할 수 없이 역 앞에 있는 작은 상가 빌딩의 이자카야(居酒屋)에 들어가서 일본주과 안주로 저녁을 대신했다.

후쿠이 역전의 공룡 조형물

다음 날 아침 역 앞의 관광안내소를 찾아갔다. 관광안내소는 시골치고 꽤 크게 지은 새 건물이었다. 여직원 두 명이 근무하고 있었다. 일본어를 못 하는 친구가 영어로 물어봤는데, 다행히 직원이 영어를 잘했다.

"우리는 후쿠이에 처음 왔는데 무엇을 보면 좋은가요?"

"후쿠이의 대표 관광지인 에이헤이지(永平寺), 마루오카성(丸岡城), 도진보(東尋坊), 이렇게 3곳을 보면 됩니다."

"그럼 그곳에는 어떻게 갑니까?"

"여기서 3곳으로 갈 수 있는 패스를 파는데, 2일간 사용할 수 있습니다."

"우리는 내일 떠나는데, 오늘 하루에 다 볼 수 있습니까?"

"네, 지금이 아침이라서 에이헤이지로 가는 첫차를 타면 가능합니다."

"얼마인가요?"

"한 장에 2,000엔입니다."

이렇게 해서 패스를 샀고, 안내소 직원은 버스 시간표를 주면서 우리가 타야 하는 버스를 빨간색으로 표시했다. 그러면서 꼭 표시한 시간에 출발하는 버스를 타야 오늘 중에 다 볼 수 있다고 하였다. 첫 순서로 역 뒤의 버스터미널에서 패스를 보여 주고 8시 45분 영평사행 직행버스를 탔다. 일본은 어딜 가나 관광객용 패스 천국이다. 열차패스 외에도 버스 1일권, 전차와 버스 2일권, 오사카 전 교통수단 2일권 등등 패스의 종류가 정말 많다. 우리나

후쿠이 역전의 관광안내소

라가 이런 패스 제도를 운영하지 않는 것은 교통비가 싸기 때문일 것이다.


## 영평사(永平寺, 에이헤이지)

영평사로 가는 직행버스를 탄 우리는 30분 후인 9시 15분에 영평사에 도착하였다. 조용한 분위기가 참 좋았다. 입장료 500엔씩을 내고 전각 내로 들어가니 여러 개의 건물이 회랑으로 연결되어 있었다. 참관 순서의 화살표를 따라서 한 바퀴 돌고 나오니, 1시간 반 정도 소요되었다. 참 조용한 절이라서 참선 도량의 이미지에 딱 맞는 것 같았다. 긴 회랑의 마룻바닥 어찌나 깨끗한지 감탄했다. 이침에 받은 후쿠이 관광안내 책자는 영평사를 후쿠이 관광에서 제일 중요한 유적으로 소개하고 있으며 이렇게 설명하고 있었다.

"영평사는 지금으로부터 약 770년 전인 1244년, 중국 송나라에서 '참선(座禅)'라는 부처의 가르침을 체득한 도겐선사(道元禅師)에 의해 출가 참선 도량으로 만들어진, 조동종(曹洞宗)의 대본산입니다. 에이헤이지의 경내는 약 10만 평(33만㎡)의 광대한 넓이로, 이곳에는 산문·불전·법당·승당·주방·욕실·화장실의 '칠당가람'으로 불리는 수행의 중심이 되는 곳을 비롯하여 대소 70여 개에 이르는 전당 누각이 있습니다. 요즘도 항상 200명 이상의 수도승이 도겐에 의해 정해진 엄격한 예절을 따르고 밤낮으로 치열하게 수행에 힘쓰고 있습니다. 경내는 수도승이 깨끗이 쓸어 내고 닦아서 경건한 분위기가 감돕니다. 수령 700년의 삼나무에 둘러싸인 고요한 분위기 속에서 수도승의 일상을 엿보면 여기를 찾은 관광객도 정신이 맑아지는 기분이 됩니다. 주변이 온통 눈으로 하얗게 뒤덮인 한겨울에 수도승은 맨발로 수도에 힘씁니다. 영평사에는 사전 예약을 하면, 좌선이나 사경, 정진 요리를 먹는 중식, 수도승과 같은 생활을 해 볼 수 있는 템플스테이 제도가 있어 선(禪)의 수행 체험도 할 수 있습니다.”

도겐선사(道元禪師)는 1200년 교토에서 태어나 14세에 히에이산에서 출가하고, 24세에 중국으로 건너가 천동산(天童山)의 여정선사(如淨禪師)로부터 엄한 수행을 받았으며, 석가로부터 전해져 온 ʼ좌선ʼ이라는 정통 석가의 가르침을 받들고 일본에 돌아왔다. 처음에는 교토에 참선 도장을 열었다가 1243년 현재의 자리로 옮겨와 영평사를 열었다. 도겐선사가 중국으로부터 돌아와 최초로 쓴 글이 보근좌선의(普勧坐禪儀)다. 좌선법을 널리 알리고자 하는 책으로 좌선의 마음, 방법 등이 잘 설명되어 있다고 하며, 일본의 국보로 지정되어 있다.

영평사 본당 앞 연못, 본당에 들어가면 구불구불한 요술의 집을 다니는 것 같다

## 마루오카성(丸岡城)

　절에서 나온 우리는 관광안내소에서 알려 준 대로, 버스정거장에서 마루오카성으로 가는 버스를 탔다. 11시 41분에 출발한 버스는 마루오카성 앞에 12시 20분에 도착하였다. 우선 배가 고프니 밥을 먹어야 하는데, 아무리 둘러봐도 식당이 없다. 어제 저녁, 오늘 점심, 후쿠이에서는 밥을 사 먹기가 이렇게나 힘들다니! 버스 정거장 옆에 기념품점이 있어서 들어가 봤더니 한구석에서 우동을 팔고 있었다. 그것도 셀프서비스다. 자판기에서 식권을 뽑아서 주방에 주고 준비되면 받아 간다. 그렇게라도 먹을 수 있는 것이 다행이었다. 나는 배가 고프면 참지 못하고 힘도 없어서 답사를 할 수 없다.

　마루오카성은 전국 시대(1467~1590) 말기인 1576년에 축성된 작은 성으로, 국가에서 중요문화재로 지정한 7개의 성 중 하나이다. 성은 언덕 위에 있었고 매우 작았다. 현존하는 천수각 중 제일 오래된 건축양식을 갖고 있기에, 이곳 주민들이 지금 국보승격운동을 하고 있다고 한다. 전시관 벽에 국보승격추진 현수막을 큼직하게 걸어 놨다. 천수각은 외관은 2층, 내부는 3층의 망루형이라서 커다란 창문으로 동서남북의 경관을 잘 볼 수 있었다. 우리가 간 날은 날씨가 좋아서 동해(일본해)까지 볼 수 있었다. 누각 안에서 2층을 올라가려니 계단이 어찌나 급경사인지 그냥은 올라갈 수 없다. 등산하는 산에서 볼 수 있는 것처럼 위에서 아래로 로프가 늘어져 있어서 그걸 잡고 올라갔다. 원내에는 400그루의 왕벚나무가 심어져 있으며 일본의 벚꽃 명소 100선에도 들어 있다고 한다.

　아침에 받은 스케줄을 보니, 오후 2시 20분 도진보로 가는 버스를 타라고 되어 있었다. 시간이 좀 남아서 점심을 먹었던 기념품점에서 커피를 한잔하

국보 승격을 추진 중인 마루오카성

면서 버스를 기다렸다. 후쿠이현은 사람이 많이 오는 관광지가 아니라서 버스가 드문드문 다니기 때문에 관광안내소에서 준 시간표대로 진행하지 않으면 오늘 하루에 계획된 답사를 모두 하지 못한다.

## 도진보(東尋坊)

도진보는 꽤 멀리 있었다. 오후 2시 20분 버스를 타고 도진보 입구에 3시 23분에 내렸다. 입구에서 좀 걸어 들어가야 하는데, 좌우에는 오징어 등 해산물을 구워 파는 집과 기념품 가게가 많았다. 그리고 사람도 아주 많았다. 꼭 봐야 하는 유적지에는 사람이 적고, 보지 않아도 되는 단순 관광지에는 사람이 많다. 하긴 여기도 자연 유적지다. 도진보는 해안가에 주상절리가 펼쳐진 곳이다. 그런 곳은 일본의 여기저기에 많은데, 유독 이곳의 이름이 알려진 것은 '자살의 명소'로 소문이 났기 때문이다. 우리나라 서울의 마포대교, 샌프란시스코의 금문교와 비슷하다. 이곳은 자원봉사 감시원이 있어서 위험한 곳을 혼자 다니면 감시원이 다가온다고 한다.

또다시 관광안내소에서 준 안내시간표를 보고, 오후 5시 21분 버스로 도진보에서 출발하여 6시 6분에 아와라온천역에서 내렸다. 여기까지가 오늘 산 패스로 이용할 수 있는 구간이다. 우리는 이 역에서 우리가 가진 JR패스를 이용해서 후쿠이행 열차를 타고 후쿠이로 돌아왔다. 후쿠이역에 도착했을 때 시각이 오후 6시 25분이었다. 완전히 하루를 관광안내소에서 정해 준 시간표대로 돌았다.

도진보 해변공원의 주상절리

## 가나자와(金澤)

　다음 날 아침을 호텔 내의 식당에서 먹고 가나자와로 가기 위하여 후쿠이
역으로 나갔다. 오전 8시 30분 특급열차를 타고 9시 15분에 가나자와역에 내
렸다. 비가 조금씩 오기 시작한다. 가나자와역 앞의 조형물이 특이하므로 사
진을 한 장을 찍고, 숙소가 가까우니 걸어갔다. 숙소에다 짐을 보관하고 밖을
보니 비가 많이 오고 있었다. 좀 기다렸다가 나가는 것이 좋을 것 같아서 숙
소 1층 커피숍에서 기다렸다.

　일본에는 43개 현이 있다. 현청이 있는 시는 대개 현의 명칭과 똑같은 명칭
을 쓴다. 히로시마현 히로시마시, 후쿠이현 후쿠이시, 이런 식이다. 그러나
몇 군데는 이름이 다르다. 여기 가나자와도 달라서 이시카와(石川)현 가나자

가나자와역 조형물, 나무를 가지고 꽈배기같이 만든 모습이 우람하고 재미있다

와(金澤)시이다. 우리나라의 많은 사람이 가나자와현 가나자와시로 잘못 알고
있다.

　40분 정도 커피숍에 앉아 있었더니 비가 좀 덜 오는 것 같아서 나가기로 했
다. 비가 오므로 우선 실내 명소로 가려고 택시를 타고 21세기미술관으로 갔
다. 2004년 10월에 개관한 미술관 건물은 둥그런 것이 미술관 같지 않고 스케
이트장 같았다. 소장한 작품은 주로 현대미술품이라고 한다. 야외에도 멋있
는 작품이 많이 있었다. 비가 와서 그런지 미술관 매표소에는 입장하려고 표
를 사는 줄이 길게 있었다. 실내에는 무료존과 유료존이 있는데, 유료존은 입
장료가 360엔으로 다른 미술관에 비하면 저렴했다. 사실 나는 미술에 문외한
이라서 그림을 감상하려면 그림에 박식한 누군가가 같이 가서 설명해 주어야
이해할 수 있다. 다른 친구들도 미술에 큰 관심이 없어서 우리는 무료존의 작

21세기미술관은 야외에도 작품이 많다, 이 작품의 이름은 〈마루(丸)〉이다

품과 야외 작품만 감상하였다.

　미술관 인근에 가나자와의 부엌이라는 오미초(近江)시장이 있어서, 그곳에 가서 시장을 구경하고 시장 내에서 점심을 먹고 나오니 비가 완전히 그쳤다. 가나자와성공원으로 갔다. 공원 앞에 우아해 보이는 커피숍이 있어서 식후 커피부터 한잔하고 공원에 입장했다. 가나자와성은 기구한 운명의 성이다. 성의 천수각은 원래 1546년에 건립되었는데, 1602년 낙뢰로 완전 소실되었다. 빈 땅이 되자 1898년부터는 육군이 주둔하여 사용했고, 태평양전쟁이 끝나고 육군이 철수하자 잠시 가나자와대학이 사용했다. 시에서는 천수각의 복원에는 워낙 비용이 많이 들어가므로 장기 사업으로 계획하고, 2001년에 우선 석벽과 망루 하나를 복원하고 '가나자와성공원'으로 개장하였다. 우리는 복원한 3층 망루(야구라)를 보고, 이 공원의 길 건너편에 있는 일본의 3대 정원이라는 겐로쿠엔으로 갔다.

가나자와 성터에 복원한 3층 망루

겐로쿠엔(兼六園)의 매표소 안내판을 보니 입장료가 310엔인데, 65세 이상
은 무료라고 쓰여 있었다. 외국인에게도 적용되는지를 물어봤더니 여권 확
인 후 가능하다고 해서 무료로 입장했다. 몇 푼 안 되지만 기분이 좋았다. 대
부분의 관광지에서는 내국인 또는 그 지역 시민으로 한정해서 경로 할인을
해 준다. 입장하는 관광객이 많았다. 겐로쿠엔은 이 지역 즉, 가가번(加賀藩)의
주인인 마에다 가문(前田家)이 가문의 정원으로 만든 것으로 1676년에 만들기
시작하여 100년 이상 걸려 지금의 모습이 됐다고 한다. 이바라키현의 가이라
쿠엔(偕樂園), 오카야마현의 고라쿠엔(後樂園)과 더불어 일본의 3대 정원 중의
하나다. 정원에는 6개의 뛰어난 경관을 겸비하고 있다고 해서 '겸육원'이라는
이름이 붙었다. 일본 전통의 회유식 인공 정원이라서 정원 가운데에 큰 연못
이 있다.

정원을 한 바퀴 돌아보고 정원 조망이 좋은 찻집 다다미방에 앉아서 녹차
한 잔을 마셨다. 원래 다다미방으로 된 전통 찻집에서는 손님이 앉아 있으면,

겐로쿠엔은 일본의 회유식 정원의 표본이다

손님 앞에 차 한 잔을 놓고 절하고, 다음 손님 앞에 또 한 잔을 놓고 절을 한다. 10년 전만 해도 정성껏 절했는데 이제 관광객이 많아지니 형식적으로 대충한다. 차라리 절은 하지 않고 찻값을 내리는 것이 좋을 것 같다. 우리가 갔을 때 관광객이 많아서 응접실 같은 넓은 옆방에서 대기했다가 20명씩 입장하여 두 줄로 길게 앉았다. 그러니 하루 종일 얼마나 절을 해야 하겠냐!

겐로쿠엔에서 많은 시간을 보냈다. 다음에는 택시를 타고 동찻집거리를 갔다. 가나자와시의 동쪽과 서쪽에 각각 찻집거리가 있어서 동찻집거리, 서찻집거리라고 부른다. 동찻집거리가 더 크다고 한다. 이들 찻집거리는 에도 시대의 모습을 간직하고 있다. 찻집거리에는 외국인도 많았다. 우리도 한 바퀴 둘러본 후 한 찻집에 들어가서 2층에서 차를 한잔했다. 에도 시대의 찻집 양식은 모두 2층 구조로 되어 있고 차를 마시는 접객실은 2층이다. 이 거리는 지금도 저녁에 영업하는 집이 있어서 저녁에 오면 사미셴이나 소북 소리가 들린다고 한다.

우리는 여기서 저녁 먹을 형편은 되지 않아서 호텔로 돌아갔다. 호텔에 도착해서 목욕하고 저녁을 먹으러 나가려니 비가 또 오기 시작한다. 그래서 조금 비싸지만 호텔 2층의 식당에서 저녁 식사를 했다. 우리의 숙소가 역의 북쪽 출구에서 가까운 'My Stays Premier Ekimae'였는데, 신축한 지 얼마 안 된 비즈니스호텔이다. 일본의 비즈니스호텔은 객실이 작은데, 이 호텔은 큼직해서 기억에 남는다.

가나자와 동찻집거리의 모습, 시의 서쪽에는 서찻집거리가 있다

# 위기를 맞고 있는 시마네(島根)현과 돗토리(鳥取)현의 유적

2018년 1월 1일 현재 일본의 인구는 1억 2,521만 명이다(외국인 제외). 이는 전년보다 20만 명 감소한 것이고, 9년 연속 감소한 것이다. 47개의 자치단체별로 보면, 인구가 제일 적은 곳이 돗토리현으로 57만 명이고, 그다음 적은 곳이 시마네현으로 69만 명이다. 현의 면적은 다른 현에 뒤지지 않는데, 인구가 아주 적고 그나마 계속 줄고 있어서 현 존립에 대하여 위기를 느끼고 있다.

사실 시마네현과 돗토리현은 일본 혼슈(本州)에서 제일 시골로 치는 곳이다. 혼슈의 맨 좌측 지역을 주고쿠(中國) 지방이라고 한다. 여기에 속한 현이 야마구치(山口), 시마네, 돗토리, 히로시마(広島), 오카야마(岡山) 이렇게 5개 현인데, 모두 험한 산악 지형에 긴 해변을 갖고 있다. 주고쿠 지방의 서쪽에서 동쪽으로 길게 주고쿠산맥(中國山地)이 있다. 시마네, 돗토리현은 산맥의 북쪽에 있고, 히로시마, 오카야마현은 산맥의 남쪽에 있다. 남과 북은 산맥이 가로막혀서 쉽게 다닐 수 없다. 남쪽의 히로시마, 오카야마현은 남해안 도로를 통하여 오사카, 교토와 연결되고, 신칸센 열차가 평균 10분에 한 대씩 다니므로 산업도 발달하였다. 시마네, 돗토리현은 북쪽에 고립되었다. 지금도 시마네현, 돗토리현은 신칸센 철도는 없고 오래된 재래선 열차가 다닌다. 두 현의 주민은 스스로 일본 제일의 시골이라고 생각한다.

이 두 현을 부르는 표현조차 낙후됨을 느낀다. 남쪽의 히로시마, 오카야마현은 산 남쪽의 양지바른 곳이라고 하여 산양(山陽, 산요)이라고 부르고, 위쪽의 시마네, 돗토리현은 산에 가려서 햇볕도 잘 안 든다고 산음(山陰, 산인)이라고 불렀다. 시마네현 관광안내서를 보면 이렇게 쓰여 있다.

"산음 지방은 남쪽의 산양 지방과 많은 것이 다르다. 날씨, 풍경, 습관, 사람의 기질이 음과 양의 차이 그대로이다. 해보다는 구름에 익숙한 산인 지방 사람은 차분하고 다소 수줍은 인상이다."

시마네현에는 유명한 관광 명소가 몇 곳 있다. 이와미(石見) 지역은 메이지 시대부터 은광이 발달해서 여기서 캐는 은을 수출하고 서양에서 필요한 물건을 사 왔다. 지금은 폐광이 된 유적이 세계문화유산에 등록되어 있다. 또한, 전국의 8만 1천 곳의 신사의 신들이 모여서 회의하는 장소인 이즈모타이샤(신사), 국보 마쓰에성과 아다치미술관이 있다. 반면에 돗토리현은 그저 하늘이 주신 해변의 모래언덕밖에 관광자원이 없다.

시마네현은 동해를 사이에 두고, 우리나라의 경상도, 강원도와 마주 보고 있는 지정학적인 위치 때문에, 고대 6세기에 신라인이 많이 이주해 왔다고 한다. 지금 그 유적들이 하나도 남아 있지 않아서 많이 아쉽다.

최근 인천공항에서 요나고(米子)공항까지 가는 직항 노선이 생겨서, 우리나라 관광객이 산인 지방을 점점 많이 방문하고 있다. 이곳을 찾는 한국인은 일본 대도시 여행을 몇 번 한 경험이 있고, 외국인이 많은 대도시를 피해서 일본의 조용한 지역을 가고자 하는 사람이 대부분이라고 한다. 쓸데없는 생각을 하나 하면, 시마네현에 우리나라 사람이 너무 많이 가도 걱정된다. 독도가 자기네 땅 죽도(竹島)라고 우기는 곳이 바로 시마네현이다. 성질 급한 한국 사람이 술 한잔하다가 일본인 주민과 싸움 날까 걱정이다. 우리 부부는 이 직행 비행기를 타고 2019년 4월 6일 요나고공항에 내렸다.

요나고공항은 항공자위대의 군사공항을 민간 항공기가 같이 사용하는 곳으로, 행정구역은 돗토리현이지만, 시마네현이 더 가깝고 교통도 편리하기 때문에 일본인도 시마네현의 공항으로 인식하고 있다. 그래서 돗토리현은 돗토리시의 해변가에 '돗토리사구코난공항'을 별도로 건설했다. 돗토리현의 공항 이름이 이렇게 길어진 이유는 관광지인 '돗토리사구'와 '명탐정 코난'이라는 유명한 만화를 그린 작가 아오야마 고쇼(靑山剛昌)의 기념관이 돗토리현에 있다는 것을 알려서 어떻게든지 관광객을 불러들이려는 의도 때문이다. 국제선은 요나고공항에서만 운영되며, 그것도 인천에서 주 3편, 홍콩에서 주 3편 뿐이므로, 국제선 구역이 별도로 없고 국내선 구역을 같이 사용해서, 국내선 승객이 다 타면 다음에는 국제선 승객이 입장하는 식이다.

요나고 공항은 국제선과 국내선을 같이 사용하고 있다

## 이즈모타이샤(出雲大社)(신사)

　일본의 신사에도 세 종류의 등급이 있다. 出雲大社처럼 'ㅇㅇ大社'라고 하는 신사는 주로 고대 신화에 나오는 신을 모신 신사이며 규모가 크다. 다음으로 후쿠오카의 天滿宮처럼 'ㅇㅇ궁'은 천황가(天皇家)와 관련이 있는 신사이거나, 유명 인사 중에서 사후에 神으로 추대된 분을 모신 신사다. 나머지는 ㅇㅇ神社라는 호칭을 쓴다. 각종 신사에 참배하는 신도 신앙은 일본에만 있는 다신사상(多神思想)의 종교이고, 전국에 8만 1천 개 이상의 신사가 있다고 한다. 신사의 제사장은 옛날에는 공무원 신분으로 국가로부터 월급을 받았다. 공무원에서 제외시킨 사람은 미군정 때의 맥아더 사령관이다. 여행지에서 신사를 방문했을 때도 이런 것을 알고 보면 훨씬 재미있게 볼 수 있다.

　시마네현의 이즈모타이샤 신사는 정확한 창건 연대는 알 수 없으나 일본에서 가장 오래된 신사로 추정되고 있고, 규모 역시 제일 크다. 모시는 제신은 두 분으로, 일본의 모든 신사의 신들 중에서 제일 지위가 높은 대국주대신(大國主大神)과 일본건국신화의 주인공이고 태양의 여신인 천조대신(天照大神)이다. 천조대신은 인연을 관장하는 신이기도 하다. 신년 초에 좋은 인연이 맺어지기를 빌기 위하여 전국에서 많은 사람이 찾아온다. 신사에서 참배할 때는 손뼉을 2번 치는데, 미혼남녀가 이 신사에서 참배할 때는 손뼉을 4번 쳐야 한다. 2번은 나를 위하여, 2번은 앞으로 나타날 자기의 짝을 위하여 치는 것이다.

　또한, 음력 10월에는 신들의 회의가 있어서 전국 신사의 신들이 이곳에 모여서 한 달간 회의를 한다. 이를 '신재월(新在月, 가미아리즈키)'이라고 한다. 따라서 음력 10월에 사람이 몰려온다. 모든 신에게 한 번에 소원을 빌 수 있어서 그렇다. 반대로 전국의 신사는 음력 10월에는 참배자가 줄어든다. 신이 이즈모타이샤 신사에서 열리는 회의에 가서 자기 신사에 없기 때문에, 신이 돌아온 후에 참배를 간다. (우리가 생각할 때는 많이 우습다.)

이즈모타이샤(신사) 입구, 소나무와 벚꽃이 어우러진 아름다운 길이다

아늑한 벚꽃 길을 지나서 이즈모타이샤에 도착하니 큰 안내판이 먼저 나타났다. 이 안내판에는 지난 10년 동안 진행한 신사의 대수리(대천궁, 大遷宮)가 모두 끝났는데, 100억 엔이 들었다는 사실과 이를 위하여 헌금한 사람과 회사의 명단이 쓰여 있었다. 대수리를 한 내용을 알아보니 본전, 배전과 보물전의 지붕을 바꾼 것이었다. 건물이 여러 동이고 지붕의 면적이 넓지만, 기가 막혔다. 물론 지붕의 소재가 노송나무 껍질로 만든 비싼 재료지만, 지붕만 바꾸는 데 한국 돈 1,000억 원이 들다니! 우리나라의 단군성전을 1,000억 원을 들여서 다시 짓겠다고 하면 국민들 반응이 어떠했을까? 생각하면서 본전 앞에 도착하였다.

현재의 본전 건물은 1744년에 재건된 것이다. 일반인은 들어갈 수 없는 본전 내에서 신위를 모신 단은 24m 높은 곳에 있다고 한다. 최초의 본전에는 더 높은 48m의 계단 위에 신단이 있었다고 한다.[5]

신사의 배전과 신락전(神樂殿, 가구라텐)에는 아주 큰 시메나와(標繩, 신사 건물이나 도리이에 길게 쳐져 있는 금줄)가 매어져 있었다. 전국의 시메나와 중에서 제일 큰 것과 두 번째 큰 것이 모두 여기에 있다. 신락전 건물 앞의 거대한 시메나와는 길이가 13m이며, 무게는 무려 3톤이다. 배전의 시메나와는 이것의 절반 정도의 크기인데도(길이가 8m이고, 무게는 1.5톤) 일본에서 두 번째로 크다고 한다. 신락이라는 것은 신에게 바치는 음악이므로, 신락전은 10월에 신들이 모여서 회의나 연회를 하는 장소일 텐데 시메나와가 배전 앞의 것보다 더 큰 것이 좀 이상하게 생각된다. 신락전은 제사 지내는 장소가 아니므로 일반인에게 결혼식장으로 대여하고 있다. 저자가 갔을 때도 결혼식이 진행되고 있었다.

이즈모타이사의 본전과 배전, 시메나와가 있는 건물이 배전이고 뒤에 커다란 건물이 본전이다

---

5  자료마다 최초의 신단의 높이가 다르다. 여기는 〈두산백과〉에 기록된 높이를 표시했다.

## 마쓰에성(松江城)

　마쓰에성은 마쓰에번을 통치했던 호리오 요시하루(堀尾吉晴)가 1611년에 지은 성으로 천수각의 모양새가 날개를 펼친 새 같다고 해서 물새성이라는 애칭을 가지고 있다. 현재의 천수각은 호리오 가문이 물러나고, 1638년 새로운 성주로 마쓰다이라 가문이 부임한 후, 대대적으로 보수되어 현재의 모습이 되었다고 한다.

　마쓰에번의 호리오 가문은 30년도 못 가서 몰락한 비운의 가문이다. 호리오 요시하루는 원래 도요토미 히데요시 아래서 용맹을 날리던 무장으로서 세키가하라 전투에서 도쿠가와 이에야스의 동군을 지원한 공으로 1611년에 마쓰에 번주로 임명되었으나 마쓰에성을 짓는 중에 사망하였다. 손자인 호리오 타다하루(堀尾忠晴)가 번주를 이어받아 성을 완성하였다. 그러나 그는 1633년 아들 없이 사망하였다. 호리오 가문이 전에 도요토미 히데요시의 심복이었던 것을 마뜩잖게 생각하던 에도막부의 3대 쇼군 도쿠가와 이에미쓰는 타다하루가 죽은 후 후사가 없음을 핑계로 성을 몰수하였다. 2012년에 마쓰에성 축성 400주년을 기념하여 마쓰에 시민들이 마쓰에성 입구에 호리오 요시하루의 동상을 세웠다.

　마쓰에성은 비운의 성이지만, 에도 시대 초기의 형태가 잘 유지되어 2015년 7월 일본의 국보로 지정되었다. 이 성은 메이지유신 후 정부가 1874년에 내린 폐성령으로 인해 천수각이 1875년 민간인 상인에게 매각되었다. 상인은 천수각을 해체하여 땔감으로 팔려고 했으나, 이를 안타깝게 여긴 이 지역의 시민들이 모금운동을 통해 다시 구입하여 보존하였다. 성의 해자가 호리가와(堀川)강으로 흐르고 있어서 경치가 좋고 유람선도 있다. 우리 부부도 1

인당 1,500엔을 내고 40분간 유람선 나들이를 했는데, 선내는 방바닥처럼 되어 있어서 신발을 벗고 타야 되고, 일본 난로 고다쓰가 있어서 발을 따뜻하게 할 수 있는 것이 참 특이했다.

시민공원처럼 주변이 개방되어 있는 마쓰에성

## 유시엔 정원(由志園)

시마네현의 유시엔 정원은 좀 독특한 위치에 있다. 마쓰에시와 사카이미나토시 사이에는 중해(中海)라는 동그란 호수 같은 바다가 있다. 이 중해의 바닷물은 좁은 해로를 통해서 미호만으로 나가서 동해와 연결된다. 이 중해에는 대근도(大根島, 다이콘시마)라는 섬이 있다. 大根은 먹는 무를 의미하므로 풀어쓰면 무섬이다. 이 무섬에 유시엔이라는 꽃의 정원이 있는데, 이 정원 주변에서 고려인삼을 재배한다.

18세기에 마쓰에번의 7대 번주 마쓰다이라 하루사토(松平治郷)가 주민 소득을 올리려고 조선에서 인삼 재배법을 도입하여 고려인삼을 재배·수확했고 지금도 인삼을 재배하고 있다. 전에는 인삼 재배 농가가 많고, 인삼을 쪄서 홍삼을 만드는 공장이 여러 곳 있었는데, 지금은 중국산에 밀려서 재배 농가가 많이 줄었고, 홍삼을 만드는 시설은 이곳 무섬에 하나뿐이라고 한다. 유시엔 정원의 매점에서는 무섬에서 만든 고려홍삼을 팔고 있었다.

유시엔 정원이 있는 무섬에는 고려홍삼을 만드는 시설이 있다

## 아다치미술관

시마네현 야스기시(安來市)에 있는 아다치미술관은 아다치 젠코(足立全康, 1899~1990)에 의해 1970년 개관된 미술관이다. 아다치는 야스기시의 농사짓는 가정에서 태어났는데 초등학교를 졸업한 것이 학력의 전부다. 초등학교 졸업 후에 남의 장사를 도우며 장사에 관심을 가지게 되었다. 14세 때 숯 장사를 시작했는데, 장사에 수완이 있어서 돈을 벌기 시작했다. 태평양전쟁 종전 후에는 오사카에서 장사를 크게 벌였고, 부동산 투자를 하게 되어 큰 재산을 형성하였다.

그의 나이 48세에 나고야에서 개최된 '요코야마 다이칸(橫山大觀)' 화가의 전시회에서 그림을 보고 깊은 감명을 받아 미술품 수집에 열을 올렸다고 한다. 그는 71세인 1970년에 '재단법인 아다치미술관'을 설립하고 수집한 모든 그림을 기증하여 고향 야스기시에 큰 미술관이 생기게 되었다. 본관에는 일본 미술의 거장 요코야마 다이칸(橫山大觀, 1868~1958)의 작품을 중심으로 여러 작품을 전시하고 있고, 신관에는 일본 현대 작가들의 작품을 전시한다. 이 미술관은 미술품보다도 부속 정원이 더 유명하다.

미국의 일본 정원 전문지인 〈Journal of Japanese Garden〉에 의해 2003년 일본 정원 중 1위로 선정된 이후 계속해서 1위를 지키고 있다고 하는데, 밖에 나가서 정원을 보는 것이 아니고 미술관 복도를 따라 걸어가면서 유리창을 통해서 정원을 감상하기 때문에 정원 자체가 하나의 미술 작품이며, 창틀을 통해서 구도가 잡힌 바깥 풍경은 그 자체가 하나의 거대한 액자 속의 풍경이라는 느낌을 준다. 미술에 문외한인 저자는 정원 감상이 매우 즐거웠고, 신관의 대형 그림(현대미술)은 흥미롭게 보았는데, 구관의 1900년대의 일본화는 잘

모르겠다. 미술관에 가는 관람객을 위하여 JR야기스역에서 무료 셔틀버스가
다닌다.

아다치미술관은 본관과 신관(사진)이 지하로 연결된다

## 돗토리 사구(沙丘)와 모래 미술관

도토리현의 돗토리 사구(鳥取砂丘)는 일본 돗토리현 돗토리시의 북쪽 해
안에 펼쳐진 광대한 모래밭이자 일본 최대의 모래언덕이다. 남북 1.2㎞, 동
서 2.0㎞ 넓이의 돗토리 사구는 1955년 일본의 천연기념물로 지정되었으며,
2007년 일본의 지질 100선으로 선정되었다. 자랑할 것 없는 돗토리현에서 이
것만이 유일한 관광자원이다. 이 사구가 생기는 이유는 돗토리현 남쪽의 주
코쿠산맥에서 발원한 센다이강(千代川)의 강물이 돗토리평야를 거쳐서 동해
(일본해)로 빠져나가면서 이곳에 모래가 쌓인다고 한다.

아다치미술관의 정원은 미술관 안의 복도를 따라 가면서 창문을 통해 감상해야 한다

돗토리 사구 인근에 위치한 모래 미술관은 전 세계에서 유일하게 '모래'로 만든 조각 작품을 전시하는 실내 미술관으로 2012년 4월에 개관했다. 이 미술관은 해마다 특정한 주제를 가지고 전시한다. 매년 해외 각국에서 모인 모래 조각가들이 돗토리 사구의 모래로 2~3월 2달 동안 작품을 만든 후, 4월부터 이듬해 1월까지 10달간 전시하고, 전시 기간이 끝나면 허물어 버린다.

돗토리현의 유일한 관광자원인 모래언덕(사구)

## 미즈키 시게루 로드

미즈키시게루 로드는 원래 사카이미나토(境港)항구 앞의 상가이다. 이 항구는 화물선과 여객선의 터미널이며, 고기 잡는 어항도 있어서 한때는 명성을 날렸다. 상가 역시 큰 번영을 누렸다. 그런데 1970년대에 들어서 해상운송보다 육상운송이 발달하게 되면서 상가가 점차 쇠락했고, 빈 가게들이 늘어나기 시작했다.

이 문제를 고민하던 사카이미나토시는 1989년 사카이미나토 출신의 만화가 미즈키 시게루의 작품을 활용하여 상가에 '미즈키시게루 로드'를 만드는 계획을 세운다. 이 프로젝트는 미즈키 시게루의 만화에 등장하는 각종 요괴의 동상을 상가 도로 양쪽에 설치하는 것이다. 만화 캐릭터의 저작권은 작가가 고향의 경제 활성화를 위해 무상으로 양도하였다.

일본에서 요괴들의 아버지라고 불리는 미즈키 시게루(水木しげる, 1922~2015)의 본명은 무라 시게루(武良 茂)이고, 일본 오사카시 스미요시구에서 태어났지만 실제 그가 성장한 곳은 돗토리현 사카이미나토시(境港市)다. 그는 태평양전쟁 때 파푸아뉴기니 전선에 배치되었다가 미군 폭격으로 한

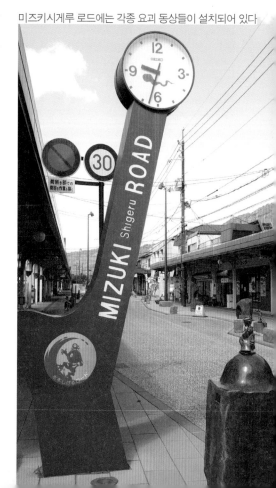

미즈키시게루 로드에는 각종 요괴 동상들이 설치되어 있다

쪽 팔을 잃었지만, 남은 오른팔만으로도 만화를 잘 그렸다. 그의 젊은 시절은 늘 가난하였다. 그러다가 1965년에 아동만화상을 받으면서 인기 만화가가 되었다. 이때 그의 나이 45세였으니 대기만성 작가였다. 그는 요괴를 주제로 한 만화를 주로 그렸고, 대중의 호평을 받았다. 그의 만화에 나오는 요괴의 종류는 셀 수 없이 많다.

이 프로젝트가 처음부터 잘된

것은 아니다. 요괴거리의 구상 초기엔 요괴의 부정적인 이미지 때문에 주민들이 강하게 반대했다. 밤에 거리에서 요괴 동상을 만나면 무서워 어떻게 다니겠느냐는 이유에서다. 시청 관계자들은 주민들을 일일이 찾아다니며 설득에 나섰다. 결국 주민들이 한 명, 두 명 요괴 동상 설치를 허락하면서 1993년에 총 23개의 요괴 동상이 세워졌고, 관광객들이 보러 오기 시작했다. 주민들은 생각을 바꿨다. "요괴를 잘 활용하면 관광객을 유치할 수 있겠다."라며 모금을 통해 요괴 동상을 더 늘렸다.

시청과 주민들의 적극적인 노력은 마침내 성공하였다. 사카이미나토시의 인구는 3만 3천 명에 불과한데, 요괴거리를 보려고 1년에 200만 명의 관광객이 온다. 모래밭 외에는 볼 것이 전혀 없었던 도토리현을 위해서도 대박을 터트린 것이다. 우리나라의 지방 도시들도 인구가 줄어드는 것만 탓하지 말고, 이런 사례처럼 연구하고 노력해서 새로운 방법을 창출해야 한다고 중앙일보가 크게 보도한 적이 있다.

우리는 아침 9시 30분에 이곳에 도착했더니 시간이 너무 일러서 한적했다. 로드의 끝에 있는 미즈키시게루의 기념관에 들어가서 구경하고 나오니 관광객이 많이 보였고, 요괴인 '기타로'로 분장한 사람이 관광객들과 같이 사진을 찍어 주고 있었다. 상가 건너 공터에는 새로운 여객선 터미널 공사가 한창 진행

미즈키시게루 로드의 요괴 동상

중이었다. 우리나라 강원도 동해항에서 이 항구를 왕복하는 연락선이 다녔다는데, 지금은 잠시 운휴 중이라고 한다.

## 한일우호교류공원

우리나라 동해의 해류가 돗토리현 해변으로 흘러간다고 한다. 그래서 우리나라 페트병, 라면 봉지 등의 쓰레기가 이곳에서 발견된다고 한다. 이런 자연현상으로 인하여, 1819년 조선의 울진군 평해항에서 출항한 한 상선이 폭풍우로 난파하여 이곳 돗토리번 고토우라정 해변에 표류했다. 당시 돗토리번 영주는 선원 12명을 잘 대접한 후 무사히 조선으로 귀환시켰다고 한다.

한일우호공원에는 우호대 정자 등
한국식 건물이 여러 동 있다

또한 1963년 거제도 선적의 성진호 어선이 기관 고장으로 이곳에 표류했다. 지역 주민들이 성금을 내서 숙식비와 기관 수리비를 지원하였고, 성진호는 한 달 만에 부산항으로 귀환하였다. 돗토리현은 이런 사실에 근거하여 한

일 교류의 발상지라는 말을 붙여서 관광 상품으로 활용하기 위해 배가 도착하였던 고토우라정 해변에 공원을 건립했다. 한국식 건물을 지어서 빈약하지만 한국 문화를 소개하는 자료관을 만들고, 한일우호교류공원이라고 하였다. 공원 내에서는 무게 약 2톤의 돌바람개비가 세찬 바람의 힘만으로 돌아가고 있어 '바람의 언덕(風の丘)'이라는 별칭을 가지고 있다. 이 부근에는 워낙 바람이 세어서 소규모 풍력발전을 하고 있다. 아무튼 이런 상품 개발 덕분인지 한국인이 점점 돗토리현에 많이 나타나는 추세라고 한다.

# 도쿄(東京) 근교의 대표 명승지 하코네(箱根)

도쿄의 근교의 유명한 유적지나 명승지를 꼽으라면 단연 후지산과 하코네이다. 후지산(富土)은 산인데도 세계자연유산이 아닌 세계문화유산으로 등록되었다. 그 이유는 일본이 후지산을 유네스코에 세계자연유산으로 신청했으나 기준 미달로 불합격되었기 때문이다. 그 후 일본 당국은 "후지산은 일본인의 신앙의 대상이고 예술의 원천이다."라고 하면서 이런저런 이유를 붙여 세계문화유산으로 신청해서 2013년 6월에 등록되었다. 일본이 유네스코 회비를 제일 많이 내므로, 유네스코 본부도 일본의 신청은 좀 후하게 판단하는 것 같다. 지금도 문화유산 4건, 자연유산 1건이 신청 대기 중이다.

또 하나의 명승지인 하코네(箱根)는 온천, 미술관, 산악열차, 유황지옥, 호수가 있는 신비로운 산이고, 에도 시대에 동해도를 오가는 사람을 통제하는 막부의 하코네 관소(검문소)가 있었던 중요한 지역이다. 하코네는 후지산과 함께 '후지·하코네·이즈국립공원'으로 지정되어 있으며 자연 풍광이 아름다운 곳이다.

하코네의 오와쿠다니는 약 3,000년 전에 일어난 화산 폭발 때문에 생긴 계곡으로, 지금도 심한 유황 냄새와 함께 화산 연기가 펑펑 나오고 있다. 이곳은 해발이 1,044m로 매우 높은 곳임에도, 도로와 주차장 시설이 잘 되어 있어서, 단체관광객 버스가 많이 올라온다. 유황 냄새가 매우 심하게 나는 날은 관광객이 마시고 쓰러질까 봐 관람을 중지시킨다. 이 유황 연기에 달걀을 삶으면, 화산가스의 화학반응으로 인해 껍데기가 시커멓게 된 검은 달걀(구로타마고)이 만들어지는데, 이 달걀을 하나 먹으면 7년을 더 산다고 한다. 아마도 관광업체에서 그런 말을 만들었겠지만, 관광객들은 선물로 많이 사 간다.

유황 연기가 심하게 올라오는 오와쿠다니

저자는 아들이 2명 있는데, 각각 손자와 손녀를 키우면서 살고 있다. 그런데 우리는 사는 곳이 모두 다르다. 장남은 서울, 차남은 상하이에 거주하고 있다. 이렇게 떨어져 살아서 해외여행을 한 번도 같이 가지 못했는데, 2019년 설 연휴에 처음으로 가까운 일본으로 함께 여행을 가기로 했다. 일본을 잘 알고 있는 내가 일정을 짜고 안내하기로 했다. 적절한 목적지를 생각해 보니, 인원이 총 9명[어른 6명, 아이들 3명(초등 2명, 유치원 1명)]이라서 대중교통이 편리한 곳이어야 하며, 아이들의 걸음도 고려해야 했다. 그래서 전에 가 본 곳이고, 어른과 아이가 함께 즐길 수 있고, 이동 방법도 잘 알고 있는 하코네로 정했다. 하코네유모토 온천여관에 숙소를 정해서 일본의 전통 여관을 체험해 보는 것도 의미가 있고, 낮에는 하코네산을 한 바퀴 돌아 나오는 자연 답사도 좋을 것 같았다.

연휴가 시작되는 2월 2일 오후 1시에 도쿄 나리타공항에서 만나기로 했다. 서울에서 도쿄, 부산에서 도쿄, 상해에서 도쿄로 가는 비행기 스케줄을 보니 30분 간격으로 나리타공항에 도착하므로, 비행기가 연착을 하지 않는 한 집합 시간을 맞출 수 있을 것 같았다. 먼저 나리타 제1터미널에 도착한 부모와 장남 가족이 공항 셔틀버스를 타고 나리타 제2터미널로 이동해서 상하이에서 오는 동방항공 비행기를 기다렸다. 연착을 잘 하는 동방항공 비행기가 정시에 잘 도착하였다. 우리 9명은 공항 지하로 내려가서 JR나리타익스프레스를 탔다. 일본 기차는 초등학생은 반값이고, 미취학 아동은 무료이므로, 막내 손녀 한 명은 무료다.

14시 20분에 공항역을 출발한 기차는 15시 40분에 신주쿠(新宿)역에 도착하였다. 아이들은 기차를 탔다고 좋아한다. 신주쿠역 JR역사에서 오타큐(小田急)역사로 걸어가서 하코네패스 3일권을 샀다. 하코네를 여행하는 데는 이 패스가 제일 좋다. 이 패스로는 신주쿠~하코네유모도(箱根湯本) 구간의 열차를 1회 왕복할 수 있으며, 하코네 지역의 모든 교통수단을 무제한으로 탈 수 있다. 하코네산에는 등산열차, 케이블카, 로프웨이, 선박, 버스 등의 다양한 교통수단이 있는데, 하코네를 한 바퀴 돌려면 이 교통수단을 모두 한 번 이상 타야 한다.

16시 20분에 신주쿠역을 출발한 특급열차 로망스카는 약 1시간 30분 후인 18시 정각에 하코네유모토역에 도착했다. 우리가 예약한 아우라다치바나 여관에 전화해서 차량을 보내 줄 수 있는지 물었더니, 시간이 늦어서 운전수가 퇴근했다고 100엔 버스를 타고 오라고 한다. 우리는 역전에서 온천을 순환하는 100엔 버스를 탔다. 차비가 어른은 100엔씩이고, 아동은 무료였다. 우리가 예약한 온천은 역에서 가까워서 6분 후에 세 번째 정거장 아우라다치바나 여관 앞에서 내렸다.

이 버스는 하코네유모토 온천협회에서 운영하는 버스다. 여기 온천 마을은 온천여관이 여기저기 멀리 떨어져 있어서 온천을 A코스와 B코스로 나누어 셔틀버스를 운행하는 것이다.

일본의 호텔과 온천은 예약자가 호텔에 도착하기 전에 객실을 배정해 놓는다. 따라서 예약자가 호텔에 도착하면 (성명과 필요사항이 이미 프린트되어 있는) 용지에 사인만 하면 된다. 우리나라에서는 예약자가 도착하면 그때부터 방을 배정을 한다. 이런 방식에는 일장일단이 있다. 그래서 일본 호텔에 특별히 원하는 방, 예를 들어 같은 가격의 고층방, 전망방 등을 원할 때는 미리 전화하거나 이메일을 보내서 요청해야 한다. 흡연실과 비흡연실은 예약할 때부터 가격이 다르고 엄격히 구분해서 예약을 받는다. 대개 흡연실은 낡은 방이나 외진 방을 주기 때문에 가격이 싸다.

우리 대가족은 온천의 다다미 객실 3개에 각자의 짐을 정리한 후, 유가타(온천에서 입는 실내복)를 입고 온천탕에 가서 목욕을 한 후 식당으로 갔다. 식당의 식탁은 외국인도 많이 와서 그런지 입식이었다. 옆 테이블에는 외국인 일행이 식사를 하고 있었다. 아이들은 다다미방도 신기하고, 옷도 신기하다고 한다. 차남 부부는 일본의 전통 여관에는 처음 왔기에 어른인데도 일본식 코스 요리인 회석요리(會席料理, 가이세키 요리)가 신기하고 맛있다고 했다.

온 가족이 모여서 일본 온천의 전통 식사 가이세키 요리를 먹었다

온천에서 유가타를 입고 애교 떠는 손자 손녀

　다음 날은 하코네산 등정을 했다. 여관셔틀로 하코네유모토역에 내린 우리
는 패스를 보여 주고 등산열차를 탔다. 이 열차는 전 세계에 3곳에만 있는 지

그제그로 산을 올라가는 열차다. 즉, 앞으로 가다가 다시 뒤가 앞이 되어 가니, 승객의 입장에서는 뒤로 가는 셈이다. 열차의 맨 앞에서 운전수가 운전을 하고, 맨 뒤에는 차장이 타고 있는데, 방향이 바뀌면 차장이 운전수가 되는 것이 아니고, 두 명이 다 열차에서 내려서 각자 앞뒤로 가서 자리를 바꾼다. 즉, 운전수는 계속 운전만을 하고, 차장은 계속 보조 역할만 한다. 4번 자리를 바꿔야 하고, 객차가 3량이기 때문에 거리가 멀어서 힘들지 않을까 생각되었다. 10여 년 전에 타이완의 아리산에서도 이런 열차를 타 본 경험이 있는데, 그때는 운전수와 차장이 앞과 뒤에 그대로 앉아서 교대로 운전을 하였다.

우리는 40분 후에 고라(强羅)역에 내렸다. 이어서 비스듬한 경사로 산을 오르는 케이블카를 타고 10분 후에 소운잔(早雲山)에 내렸으며, 다시 로프웨이(곤돌라)를 타고 오와쿠다니(大涌谷)에 내려서 지옥곡을 감상했다. 많은 관광

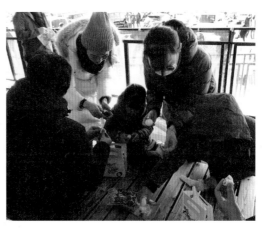

한 알을 먹으면 7년을 더 산다는 구로타마고(검은 달걀)

객이 유황 연기가 풍풍 나오는 계곡을 이쪽 가서 보고, 저쪽 가서 본다. 또 모두들 이 유황 연기에 익혀서 검게 된 달걀을 한 봉지씩 사다 먹는다. 우리도 질세라 두 봉지(10알)를 사서 열심히 껍질을 벗겨 먹었다. 방금 익힌 것이라서 따끈따끈했다. 9명이 하나씩 먹고, 하나 남은 것은 욕심쟁이 큰 손녀가 먹었다.

오와쿠다니에서 바라보는 후지산

하코네 오와쿠다니에서 후지산을 조망하는 것이 또 하나의 즐거움이다. 후지산이 그만큼 잘 보이는 위치이기 때문이다. 후지산은 일본의 산들 중에서 제일 높은 산(3,776m)이고, 일본인이 제일 좋아하는 산이다. 많은 일본인이 평생에 한 번은 후지산 정상에서 일출을 보아야 한다고 생각한다. 또한, 몇 년 전 여행 잡지사에서 일본의 풍경 사진 몇 장을 보여 주고 마음에 드는 사진을 고르는 여론 조사를 했는데, 눈 덮인 후지산을 배경으로 신칸센 열차가 달리는 사진을 가장 선호했다고 한다. 오늘은 날씨가 좋아서 후지산이 정말 잘 보인다. 지난번에 우리 부부만 왔을 때는 날이 흐려서 후지산을 잘 볼 수 없었다.

여기에는 유황 연기가 계속 올라와서 오래 있을 수 없다. 다시 로프웨이를 타고 진행 방향으로 계속 가서 종점인 아시노코호수 앞에서 내렸다. 여기서 호수를 건너가는 배를 타야 한다. 배의 모양이 꼭 영화에 나오는 해적선처럼 생겨서 아이들이 환호한다. 배 안에서는 선장 복장을 한 직원이 여기저기 다니면서 아이들과 같이 사진을 찍어 주었기에 아이들이 좋아한다. 물론 나중에 배에서 내릴 때쯤 인화한 사진을 가지고 와서 구매할 것을 권하지만!

아시노코 호수를 왕복하는 해적선 모양의 유람선

해적선을 30분 타고 호수를 건너서 하코네마치항에서 내렸다. 이 배의 종점은 10분을 더 가면 나오는 모토하코네항이다. 선착장 2층에 있는 식당에서 늦은 점심을 먹고 버스를 타고 하코네유모토역까지 돌아갔다. 유모토역에는 사람이 정말 많았다.

일본은 음력을 전혀 사용하지 않으므로 구정은 명절이 아니고 신정인 1월 1일부터 3일 동안 쉰다. 추석도 양력 8월 15일에 오봉절이라고 해서 조상의 산소도 돌아보고 고향집에도 가곤 한다. 오늘은 연휴가 아니고 단순 일요일 인데도 이렇게 사람이 많다.

나는 오늘 많이 걸었더니 다리가 좀 아파서 약국에 가서 샤론파스 한 통을 샀다. 이로써 온 가족의 하코네산 등산이 끝났다. 호텔에 돌아온 후 모두들 대욕탕으로 가서 온천욕을 하고 식당에서 저녁을 먹었다. 어제와는 다른 상 차림으로 나왔다. 하루 더 있으면 또 다른 상차림이 나온다고 한다. 우리 입 맛에는 오늘 음식이 어제 것보다 더 맛있었다.

이번에는 아이들도 있고 시간이 없어서 들리지 않았지만, 하코네에는 몇 가지 중요한 유적이 있다. 우선 고라역 인근에는 유명한 미술관이 있다. 하코 네의 대자연을 살려 1969년 개관한 일본 최초의 야외 미술관이며, 70,000㎡ 의 푸른 정원에 근대와 현대를 대표 하는 외국 조각가의 명작 약 120점이 전시되어 있다. 마음에 드는 작품을 찬찬히 보거나 산책하면서 느긋하게 예술과 접촉할 수 있다.

또한 구내에는 피카소 미술관을 비롯해 5개의 실내 전시장이 있다. 야외 조각은 상설 전시 작품이고, 피 카소 미술관에는 피카소의 진품 200 여 점이 소장되어 있어 조금씩 바뀌

1969년에 개관한 '조각의 숲 미술관'에 전시된 야외 조각

서 전시한다고 한다.

피카소 미술관 근처에는 '녹음 갤러리'라는 이름의 건물이 있다. 2층은 갤러리이고, 1층은 전망 좋은 카페다. 우리 부부가 갔을 때는 봄이라서 미술관 경치가 정말 좋았다. 우리는 미술관에서만 2시간 넘게 있었다. 전망 좋은 양식당 '조각의 숲 다이닝'이 있어서 점심도 그곳에서 먹었다. 양식당의 옆에는 주말과 휴일만 운영하는 뷔페식당 '벨라포레스타'도 있다. 관람료는 1,600엔이니 좀 비싼 편이며, 하코네패스 소지자에게는 조금 할인된다.

또 고라역의 옆에는 꽃의 정원인 고라공원이 있다. 작은 공원이라고 우습게보면 안 된다. 각종 꽃이 만발하고, 공방도 있고, 전망 좋은 카페도 있다. 하코네 패스가 있으면 입장료(500엔)도 무료이므로 꼭 둘러봐야 한다.

피카소 미술관, 피카소 글자는 미술관 벽에 써 놓은 것이다

고라역 근처에 있는 고라공원은 꽃의 공원이다

또한, 하코네에는 하코네 검문소라는 아주 중요한 유적이 있다. 우리가 배에서 내린 지역은 하코네 마을로, 에도 시대에 있었던 동해도(東海道)라는 길 때문에 생긴 마을이다. 여기에 동해도의 오가는 사람들을 검문하는 에도막부의 하코네 검문소(關所)가 있었는데, 이 검문소의 큰 임무 중 하나는 에도로 총기류가 들어오는 것을 막고, 에도에서 도망가는 여자를 막는 입철포출녀(入鐵砲出女) 단속이다.

일본도 우리처럼 먹고살기 어려울 때는 유적 관리를 제대로 하지 못해서 많은 유적이 소실되었다. 하코네 검문소의 유적도 모두 없어졌다. 이제 부유한 국가가 되니 없어진 유적을 복원하여 관광객을 모으려 한다. 되도록 고증을 철저히 해서 옛 원형을 가감 없이 살려야 가치가 있고, 탐방객이 많이 찾아온다. 최근에 이곳의 유적을 복원하여 검문소를 다시 만들었는데 옛 모습대로 잘했다고 한다.

2006년 복원한 하코네 검문소, 새로 만든 티가 많이 난다

하코네 검문소는 에도 시대 초기인 1619년에 건설되었다고 한다. 전국에 53개소의 막부 검문소가 있었는데, 동해도의 하코네, 아라이, 중산도의 기소 후쿠시마, 우수이 등 4곳이 가장 크고 중요한 검문소였다고 한다. 그러나 하코네 검문소에 관한 자료가 다 없어졌기에, 일본 문화재 당국에서는 검문소의 자세한 구조 등을 알지 못해서 답답해하고 있었다. 그러다가 1983년에 시즈오카현 이즈노쿠니시의 문고에서 우연히 고문서 한 권이 발견되었다.

이 문서는 1865년에 하코네 검문소의 오래된 건물을 해체하고 대수리를 한 공사일지였다. 그 일지에 공사 내용이 아주 자세하게 기록되어 있어서, 이를 토대로 1999년부터 2001년까지 검문소 유적지를 발굴하였고, 이때 발굴된 자료를 가지고 건물들을 복원하여 2007년 봄에 일반에 개방하였다. 이 검문소에 가 보면 병사들의 생활 모습, 실제 근무하던 공간 등이 실감 나게 전시되어 있다. 당시 검문소의 근무 인원은 책임자 1명, 상급무사 3명, 하급무사

15명과 여자 통행자의 머리와 몸을 수색하는 여자 관리가 있었다고 한다.

복원된 검문소 옆에는 자료관도 있어서 수집한 자료를 공개하고 있다. '하코네검문소(箱根關所) 자료관'에는 검문소에 관한 자료 약 1,000점을 전시하고 있는데, "검문소를 출입하는 자는 두건을 벗고 통과해야 한다."라는 방(榜, 알리는 글)을 붙여 놨던 게시판도 있고, 여기에 상주하던 병사들의 무기류도 전시되어 있다. 출녀(出女)를 엄하게 통제했던 시절이므로, 전시된 여성의 통행증에는 사람이 바뀌지 않도록 머리 모양은 물론, 발바닥의 뜸 자국까지 소상히 적혀 있다. 사진은 저자가 2018년 4월에 찍은 것인데, 그날 비가 오다가 그치고 안개가 껴서 사진 상태가 좋지 않다.

하코네 검문소에 있는 자료관

우리 9명의 대가족은 다음 날 아침 패스를 이용하여 신주쿠까지 나간 후, 다시 JR전철 야마노테선(山手線)을 타고 신바시(新橋)에 내려서, 모노레일 유리카모네로 갈아탄 뒤 오다이바 인공섬으로 들어갔다. 우리는 이번 여행에서 일본에 있는 각종 대중교통을 모두 타 본 셈이다. 오다이바는 인공섬에 위락 시설을 조성한 곳인데, 아이들이 좋아하는 게임과 애니메이션 등이 있는 '조 이플러스'라는 곳이 있어서 이번 여행의 마지막 코스로 정했다.

아들들은 손자와 손녀들을 데리고 커다란 실내 오락장에 가서 놀고, 우리 부부는 우리대로 호텔 인근의 자유의 여신상 등을 구경하고 쇼핑도 하고 쉬 었다. 자유의 여신상은 프랑스와 일본의 우호증진의 해(1998)에 프랑스 파리 에 설치되어 있던 것을 가져와 1998년 4월부터 1년간 이곳에 임시로 설치했 었는데 그때, 시민들 반응이 매우 좋았다. 전시품이 돌아간 후에 프랑스에서 주물 틀을 빌려서 일본에서 복제품을 제작한 후 상설로 설치하였다. 받침돌 의 높이 약 12.2미터, 무게 약 9톤이다. 뉴욕에 있는 원본 '자유의 여신상'은 무게가 225톤이고, 내부에 엘리베이터도 있으므로, 이 작품은 손자쯤 되는 것이라는 생각이 들었다.

오늘은 다다미가 아니고 호텔 침대에서 잔다. 아들과 아이들은 밤 10시까 지 놀고 왔다. 다음 날은 아침을 다 같이 먹고, 모두들 출발했던 도시로 돌아 가기 위하여 호텔 로비에서 헤어진 후, 각자의 비행기 시간에 맞추어서 공항 버스를 탔다. 부모는 에어부산 부산행, 장남은 대한항공 인천행, 차남은 동방 항공 상하이행으로 다 다르다. 3박 4일간의 참 의미 있는 여행이었다. 우리 가족 모두 건강하게 화목하게 살아야겠다.

도쿄 오다이바를 상징하는 자유의 여신상

유적지 찾아가는 일본 여행

시코쿠(四國)

# 힐링과 순례의 도시인 다카마쓰(高松)

시코쿠(四國)는 우리나라에는 잘 알려지지 않은 지방이다. 그러나 참 조용하고 힐링 여행의 진수를 맛볼 수 있는 곳이다. 사실 일본의 지명을 좀 바꿔야 할 필요가 있다. 에도 시대에는 번(藩)의 이름에 나라를 뜻하는 '國' 자를 붙여서 불렀다. 즉, 조슈번은 조슈국, 고치번은 고치국, 이런 식으로 불렀다. 지금의 지명에도 국(國) 자가 붙어 있는 지역이 있어서, 한자 문화권인 한국인과 중국인이 볼 때에는 이상하게 생각한다. 시코쿠는 한자로 四國인데, 에도 시대에 4개의 번이 있어서 붙은 이름이다. 그 4개의 번은 지금의 카가와현, 도쿠시마현, 에히메현, 고치현이다.

더 이상한 것은 야마구치, 히로시마, 오카야마, 시마네, 돗토리현의 5개 현을 합하여 '中國 지방'이라고 부른다는 점이다. 그래서 일본의 젊은이들이 '이 지방은 고대에 중국과 무슨 관련이 있었나?' 하는 의구심을 갖는다고 한다. 또한, 현재 중국의 대형 은행인 중국은행(中國銀行) 일본 지점의 간판에 '中國銀行'이라고 쓰여 있으니, 일본인이 이 은행 간판을 볼 때 일본 서쪽 중국 지방의 지방은행인 줄로 착각한다고 한다.

그럼 왜 그 지방이 중국이라고 불리게 되었을까? 이에는 학설이 분분하다. 우선 중화민국의 약칭 '중국'과 관련된 것은 아니다. 손문이 중화민국을 건립한 것은 1912년이고, 그전에는 중국을 원국, 명국, 청국으로 불렀다. 일본이 그 지방을 중국이라고 호칭한 것은 967년 법률 문서에서부터 나온다고 한다. 지금 다수설로 인정받는 것은 수도 교토에서 번을 부를 때 가까운 곳에 있는 번들은 근국(近國), 중간에 있는 번들은 중국(中國), 멀리 떨어진 규슈의 번들은 원국(遠國)이라고 불렀다는 것이다.

저자는 2017년 7월에 한국의 더위를 피해서 혼자서 배낭 한 개를 메고 시코쿠로 10일간의 여행을 떠났다. 혼자만의 여행은 또 다른 매력이 있다. 일본에서도 혼자 하는 여행을 히토리타비(ひとり旅)라고 하여 특별한 의미를 부여한다. 시코쿠는 혼자 여행하는 사람이 많은 곳이다. 일본에서 '진정한 휴식을 원할 때는 시코쿠로 떠난다', '마음속에 정리할 것이 있을 때는 시코쿠로 간다'는 말이 있다. 시코쿠는 일본을 이루는 4개의 큰 섬 중에서 제일 작다. 섬의 가운데에는 높은 산들로 이루어진 시코쿠산맥이 있어서, 산과 바다가 어우러져 풍광이 아름답고 태평양을 앞바다로 두고 있어서 기후가 온화하고 따뜻하다. 또한, 동양의 산티아고 길이라고 불리는 1,200년 역사의 성지순례길인 '오헨로(お遍路)'가 있어서 세계 각국의 순례자가 많이 오는 곳이기도 하다.

내가 여행을 떠난 그해에 저가 항공인 에어서울에서 인천~시코쿠 다카마쓰(高松) 공항 간에 직항로를 처음으로 개설하였다. 비행기를 탔더니 좌석이 반 정도 비어 있었다. '역시 아직 우리에게는 시코쿠가 낯설구나!' 하고 생각했다. 1시간 30분 비행 후 오후 3시쯤 다카마쓰공항에 도착하였다. 그 당시 카가와현 관광국에서는 한국 비행기가 처음으로 들어오니, 한국인 관광객을 많이 유치하고자 판촉 행사를 하고 있었다. 행사 내용은 한국인이 다카마쓰공항에 도착하는 항공권(이티켓)을 이메일로 카가와현 관광국 한국 사무소로 보내면, 공항~시내 간 공항버스 왕복 무료승차권, 다카마쓰 항구 크루즈 무료승선권과 각종 할인권을 보내 주었는데 저자도 신청해서 받은 후 잘 사용했다.

이 도시에서 내가 묵을 숙소는 빨간 로고가 인상적인 'Tokyu REI Hotel'이라는 비즈니스 체인 호텔이다. 전국에 호텔이 100개 정도 있는 큰 호텔 체인이다. 나는 일본의 비즈니스호텔의 숙박 요금 정책이 참 합리적이라고 생각한다. 2인실 방을 1인이 이용하면, 식대는 당연히 한 명 요금을 받고, 객실료는 2인이 사용하는 요금의 10~15%를 할인해 준다. 이는 1인 출장자를 배려한 것이다. 우리나라에서는 2인실을 한 명이 써도 객실료는 똑같다.

공항버스에서 내려 숙소에 도착해 보니, 이 호텔은 다카마쓰의 제일 큰 상가인 효고마치 앞에 있었다. 효고마치에는 이 지역 특산물 식당이 많다고 듣고 왔기 때문에 빨리 가 보고 싶었다. 역시 이곳에는 많은 우동집과 카가와현에서만 먹을 수 있는 닭 요리인 호네쓰기도리(骨付鳥)집이 있었다. 카가와현은 옛날 이름이 사누키였으며, 사누키우동은 이 지역에서 나는 부드러운 밀가루로 면발

다카마쓰시 중심부의 효고마치 상가

80년 전통의 사누키면업 본점,
도쿄를 비롯한 각지에 지점이 있다

을 굵게 뽑은 국수로 만든 우동이다. 우동의 원조답게 다카마쓰는 각종 우동 천국이다. 우동집을 돌아보는 우동버스도 있고, 우동을 만드는 것을 배우는 우동 학교도 있다. 일본의 다른 지역은 물론, 우리나라에서도 사누키우동을 맛볼 수 있지만 일본인들은 원조 사누키 지방에서 만드는 우동 맛을 보기 위하여 이곳을 찾기도 한다고 한다.

또 다른 다카마쓰의 명물은 호네쯔기도리(骨付鳥)다. 골부조(骨付鳥)는 뼈가 붙어 있는 닭 요리란 의미이다. 이는 우리나라에서는 쉽게 볼 수 있는 닭다리구이지만, 일본에서는 이곳 외에는 보기 어렵다. 일본에서는 닭 요리를 할 때 뼈를 모두 뺀다. 다카마쓰에서만 뼈가 붙어 있는 닭다리를 통째로 오븐에 구워 낸

호네쯔기도리(骨付鳥)를 파는 식당

다. 이것에도 두 종류가 있다. 바로 노계를 요리한 오야도리(親鳥, 엄마 닭)와 영계를 요리한 히나도리(雛鳥, 병아리)다. 이 요리를 시키면 접시에 달랑 닭다리 하나만 나오는데, 닭다리 끝에 손으로 잡기 좋으라고 알루미늄 호일이 감겨져 있다.

일본에서는 무슨 음식이든 젓가락을 사용하는 것이 올바른 식사 방법이다. 밥도, 국도 손으로 들고 젓가락으로 먹는다. 심지어 "젓가락으로 먹을 수 없는 것은 일본 요리가 아니다."라는 말도 있다. 내가 먹어 본 일본 요리들 중에서 손으로 잡고 먹는 것은 이 요리 하나뿐이다. 무엇보다도 우동도, 닭 요리도 모두 싸다는 것이 이 도시의 장점이다.

## 고토히라궁(金刀比羅宮)

이번 여행을 하면서 JR패스를 알아보니 'All 시코쿠 5일권'이 있었다. 이 패스는 시코쿠의 모든 열차를 5일간 탈 수 있는 것인데, 시코쿠는 신칸센이 없어서 가격도 좀 저렴한 10,500엔이었다. 그래서 나는 여행 일정의 초반에는 열차를 타지 않는 지역을 먼저 여행하고, 그 후에 패스를 사서 멀리 돌아다니기로 하였다. 오늘은 고토히라궁을 방문하기로 했다.

고토히라궁은 바다의 수호신 '곤피라'를 모시는 신사로, 일본 각지에 있는 고토히라 신사의 총본산이다. 풍년과 바닷길의 안전을 기원하기 위하여 연간 400만 명의 참배객이 찾는다고 한다. 그런데 바다의 신을 모신 신사가 바닷가가 아니고 산 중턱에 있는 것이 좀 안 어울렸다. 이 궁에 가려면 계단도 많고 오래 걸어야 한다고 해서 채비를 단단히 하고 나갔다. 한국에서 가지고 온 등산용 스틱도 들었다.

효고마치 옆의 가카하라마치(片阮町)역에서 시에서 운영하는 노면전철 고토텐(琴電)을 타고 출발했는데, 전철이 어찌나 느린지 멀지 않은 거리인데 한 시간이나 걸려서 고토히라(琴平)역에 내렸다. 전철은 2량 객차인데, 객차는 매우 낡았으며, 에어컨은 없고 선풍기가 돌아가고 있었다. 그래도 운전수와 차장, 2명이 운행하고 있었다. 가는 동안 승객들이 타고 내리고 했지만 서서 가는 사람은 없었다. 고토히라역에 내린 후 역 이름을 잘 보니 고토히라역의 고토(琴)와 고토히라궁의 고토(金刀)는 다른 글자였다.

고토히라궁으로 가는 785단의 계단길

고토히라궁 입구까지 15분 정도 걸어갔다. 고토히라궁의 입구에 왔다고 다 온 것이 아니다. 입구에는 좌우에 각종 상점이 있고, 그 가운데 산으로 올라가는 계단이 있는데, 끝도 안 보이고 하늘까지 올라가는 것 같았다. "아! 이게 책에서 본 785계단 참배길이구나." 하고 큰 숨을 한 번 쉬고 올라가기 시작했다. 그런데 고토히라역에 내렸을 때부터 비가 올 듯 말 듯 하던 날씨였는데 드디어 비가 오기 시작한다. 우산을 쓰고 한참 계단을 올라가니 첫 번째 신사 입구의 문이 나왔다. 안으로 들어가니 그곳에 좌판을 놓고 장사하는 사람들 (5명)이 있었다. 이 사람들은 과거 조상이 신사에 기여한 공적이 있어서, 경내에서 노점상을 할 수 있는 권한을 부여받았다고 한다. 좀 더 올라가니 신사가 무슨 큰 사찰처럼 여러 개의 건물이 있었다. 영빈관, 마구간, 서원, 보물관 등이 있는데, 서원과 보물관은 각각 800엔의 입장료를 받았다. 유명 사찰의 보물관도 대개 500엔, 300엔의 입장료를 받는데, 여기는 뭐가 있어서 이리 비싸나? (들어가지는 않았다.)

좀 더 걸어가니 반가운 카
페 간판이 나왔다. 카페는
왼쪽으로 난 돌계단 아래에
있었다. 다리도 아프고 몸
도 젖었고 해서 차를 한잔하
고 계속 올라가려고 돌계단
을 내려갔다. 이 카페는 보
통 카페인 줄 알았는데, 일
본의 대형 화장품 회사인 시

고토히라궁(신사)의 보물관은 입장료가 비싸다

세이도(資生堂)에서 운영하는 고급 카페였고, 벽에는 멋있는 그림도 걸려 있었
다. 저녁에는 일품요리도 판다고 한다. 종업원에게 이제 몇 계단을 더 가야
하느냐고 물었더니 여기가 500계단이라고 한다. 그럼 아직도 285계단을 더
올라가야 한다. 카페 이름은 신춘(神椿, 신의 동백나무)이었다. 이 한자를 일본어
로 '카미츠바키'라고 읽는데, 같은 이름의 시세이도 화장품이 있다고 한다.

고토히라궁 본전, 시메나와(금줄)가 꼬지 않고 직선인 것이 특이하다

차와 아이스크림을 하나 먹고 285계단을 마저 올라갔다. 드디어 본전이 나왔다. 비도 오고, 이렇게 올라오기 힘든 곳을 많은 사람이 와서 참배하고 있었다. 역시 순례를 할 때에는 나를 희생하지 않으면 안 된다. 고토히라궁 본전을 둘러보고 다시 내려갈 생각을 하니 끔찍했다.

## 선통사(善通寺, 젠쓰지)와 순례길 오헨로(お遍路)

고토히라궁 참관을 마치고 고토히라역으로 돌아오니 비가 그쳤다. 이곳에서 가까운 선통사(善通寺, 젠쓰지)를 탐방하기로 했다. 고토텐역 뒤에 있는 JR역에서 완행열차를 타고 한 정거장 가서 내렸다. 선통사는 고야산 불교 성지를 건설한 홍법대사가 태어난 절이다. 금평역에 내려서 선통사로 걸어가니 마주치는 주민들이 모두 나한테 "고니지와(안녕하세요)." 하고 인사하면서 지나간다. 왜 그런가 곰곰이 생각해 보니, 내가 지팡이(등산용 스틱)를 짚었고 둥그런 모자를 썼기 때문에 주민들이 아마도 나를 복장을 갖추지 않은 '오헨로상'일 것이라고 생각하고 인사하는 것 같다. 아니면 친절한 시코쿠라서 외지인에게 습관적으로 인사하는 것인지도 모르겠다.

오헨로는 시코쿠에 있는 88개의 절을 모두 돌아보는 순례길이고, 순례를 하는 사람을 오헨로상이라고 부른다. 상(さん)은 일본어로 사람을 부를 때 이름 뒤에 붙이는 존칭이다. 일본인이 저자를 부를 때 '정상'이라고 부른다.

오헨로 순례길은 우리나라의 제주 올레길만큼이나 일본인들이 잘 알고 있는 길이다. 오헨로상은 순례를 할 때 지정된 복장을 입는다. 흰옷을 입고, 삿갓을 쓰고, 지팡이를 짚고 다닌다. 이런 복장을 갖춘 순례자 오헨로상이 식당에서 식사를 하면 할인을 해 준다. 순례자가 적었던 시절에는 아예 식대를 받지 않았다고 한다. 이 순례길은 존경하는 홍법대사가 순회했던 발자취를 따라가는 것이다. 시코쿠 4개의 현에 걸쳐서 총 88개의 사찰을 연결하고 사찰의 번호대로 찾아가는 것이다. 1번 절인 도쿠시마의 영산사(靈山寺, 교겐지)에서 시작해 88번 절인 카가와현의 대와사(大窪寺)까지 걸은 후 다시 1번 절로 돌아와서 끝낸다고 한다.

오헨로상은 수첩을 가지고 다니며 방문한 절에서 도장을 받는다. 자동차가 없던 시절에는 50~60일 걸려서 순전히 도보로 이동했지만, 지금은 거리가 먼 도시 간 이동은 버스나 자동차를 이용함으로써 순례 기간을 단축하거나, 자기가 걷고 싶은 구간을 정해서 일부만 걷기도 한다고 한다. 이 순례는 처음에는 불교의 신앙적인 의미로 시작했다. 하지만 지금은 종교적인 색채가 옅어지고 자기 스스로를 돌아보거나, 인생의 전환점을 위하여, 또는 새로운 희망을 찾기 위하여 순례하는 사람이 많다고 한다. 나는 시코쿠에 있는 열흘 동안 오헨로상을 자주 만났다.

선통사는 807년에 홍법대사의 아버지인 사에키 요시미치(佐伯善通)가 창건한 절이다. 일본의 불교는 스님이 결혼하는 데 제한을 받지 않는다. 절은 더없이 고요했으며, 보통 큰 절 앞에는 큰 상가 거리가 있는데 여기는 절 앞에도 조용하다. 절에 들어서니 오층탑이 조용히 나를 맞이한다. 절은 입구에서 보면 작은 절 같은데, 들어가면 뒤로 옆으로 확장되어 면적이 큰 사찰이다.

선통사 오층탑, 선통사는 고요한 절이다

## 다카마쓰 앞바다의 섬들

다카마쓰 앞바다에는 제각각 자랑할 만한 소재를 가지고 있는 섬들이 있다. 우선 나오시마(直島)는 미술의 섬이다. 섬 안에는 미술관들이 즐비하다. 일본 건축의 거장인 안도 다다오의 작품 세계를 엿볼 수 있는 '안도 뮤지엄'이 있고, 그가 설계한 '배냇세하우스 뮤지엄'은 나오시마의 대표 건축물로 미술관과 호텔을 겸하고 있다. 재일교포 화가인 이우환의 미술관도 있으며, 노천에서는 쿠시마 야요이(草間彌生) 작가의 작품 '노란호박', '빨간호박'도 만날 수 있다.

다카마쓰 앞의 섬들 중에서 제일 큰 섬인 쇼도시마(小豆島)는 일본 최초로 지중해에서 가져온 올리브 묘목으로 재배를 시도해서 성공한 섬이다. 섬에는 지금도 올리브 농장이 많이 있고, 올리브 기념관이 있다. 기념관 안에는 3명의 일본인이 여러 번 실패해 가

쿠시마 야요이의 야외 작품, 노란호박

면서 올리브 재배에 성공한 과정이 글과 그림으로 자세히 소개되어 있고, 당시의 농기구도 전시되어 있다. 이곳에서 각종 올리브 상품도 판매한다. 기념관 앞에는 큰 풍차가 있어서 올리브 농장을 내려다보고 있다. 나는 짐이 되지 않는 튜브형 올리브 핸드크림을 십여 개 사 가지고 와서 지인들에게 나누어 주었더니, 그들이 사용한 후 품질이 좋다고 했다.

섬에 거주하는 주민이 많아서 하루에 15편의 배편이 운항되기 때문에 부담 없이 하루에 다녀올 수 있다. 이 섬의 한가운데는 화산 폭발로 생긴 험한 산이 있어서 로프웨이를 타고 올라간 후(유료) 내려오면서 기암괴석을 관찰하는 간가케이(寒霞溪, 한하계) 트레킹 코스가 있다.

그 외에도 해수욕장과 벚꽃으로 유명한 여목도(女木島, 메기지마)와 골목벽화가 있는 남목도(南木島, 오기지마)가 있다.

쇼도시마 올리브 농장의 상징과도 같은 풍차

# 오래된 온천, 오래된 마을, 마쓰야마(松山)와 우치코(內子)

오늘부터 다카마쓰를 떠나서 멀리 답사를 다녀야 한다. 우선 9시에 다카마쓰역에서 'All 시코쿠패스 5일권'을 10,500엔을 주고 샀다. 그리고 9시 40분에 마쓰야마(松山)행 특급열차를 탔다. 2시간 30분 후에 마쓰야마역에 도착했다. 사실, 일본어는 한자를 눈으로 보면 이해하기가 쉬운데 발음을 들으면 한국인이 기억하기도 어렵고, 그게 그것 같아서 혼란스럽다. 저자가 지금 다카마쓰에서 마쓰야마를 왔다고 했는데, 독자는 어디서 어디를 갔다는 것인지 헷갈릴 것 같다.

역 구내의 작은 중국집(간이식당)에서 점심을 간단히 먹고, JR패스로 시영 노면전철을 무료로 탔다. 몇 정거장 안 가서 대가도(大街道) 정거장에서 내렸다. 대가도는 글자 그대로 마쓰야마의 가장 큰 상가이고, 마쓰야마성이 바로 앞에 있다. 숙소도 대가도의 앞이라서 짐을 맡기고 바로 마쓰야마성으로 걸어서 갔다. 평지를 걸어가는데 갑자기 뾰족한 산이 나타났다. 도시 한가운데 고깔을 세워 놓은 것 같다. 마쓰야마성은 이 산 위에 있어서 리프트를 타고 올라가야 한다. 리프트에서 내린 후에도 7분 정도 성곽 옆길로 올라가야 한다. 옆에서 올려다보는 성은 성벽이 워낙 높아서 대단히 웅장해 보였다.

천수각 입구의 첫 번째 문에 도착해서 성문 위를 보니, 나무를 십자로 엮어서 만든 벽체가 노출되어 있었다. '엥? 수리하다 만 것인가?' 하고 들어갔는데 천수각의 벽체가 전부 다 이런 독특한 방식으로 만들어졌다. 그래서 마쓰야

높은 성벽 위에 있는 마쓰야마성의 노하라 야구라(2층 망루)

마성이 더 문화재로서 가치가 있는지도 모르겠다. 이 성은 국가 중요문화재로 지정되어 있다.

이 성은 1602년에 쌓기 시작하여 1627년 완성한 시코쿠 지방 최대의 성곽으로 일본을 대표하는 연립식 평산성이다. 1854년에 재건된 천수각이 잘 보존되어 있고, 천수각의 가장 높은 층에서는 마쓰야마평야와 세토나이카이(瀨戶內海)의 푸른 바다를 내려다볼 수 있다.

천수각 외에도 깊이가 44m인 혼마루의 우물과 2층짜리 노하라 야구라(野原櫓)가 잘 보존되어 있다. 노하라 야구라라고 하니 무슨 야구 용어 같지만 야구

용어는 아니다. 일본의 성을 잘 살펴보면 천수각 주위에 조선 시대 궁궐의 담장처럼 길게 석축한 벽이 있고, 석벽의 모서리에는 1층 또는 2층의 집과 회랑이 있다. 이것이 '야구라(櫓)'라고 하는 것으로 병사가 숙식하면서 경계 근무를 하는 일종의 망루다. 노하라는 야구라의 명칭이다. 야구라가 여러 개이므로 구분하기 위하여 이름을 붙이기도 하고 숫자(예: 동3간)를 붙이기도 한다.

마쓰야마성 천수각 입구

## 도고온천(道後溫泉)

이곳 마쓰야마시에는 일본에서 제일 오래된 도고온천(道後溫泉)이 있다. 발음이 우리나라 충청도의 도고온천하고 똑같다. 이 온천은 일본에서 가장 오래된 3대 온천의 하나다. 성덕태자가 도고온천을 방문했다는 기록이 역사서

에 나온다니 최소 1,500년의 역사는 되었을 것이다. 호화롭게 지어진 목조 3층 누각의 도고온천 본관은 1894년에 건축되었으며, 온천으로서는 처음으로 국가 중요문화재로 지정되었다. 도고온천에는 숙소가 없다. 본관, 별관, 스바키탕, 세 곳의 건물에 대중탕이 있을 뿐이다. 호텔, 여관이 딸린 온천은 이 도고온천 본관 주위에 여러 곳이 있다.

도고온천 본관, 앞에서 보면 2층 같지만 완전한 3층 건물이다

도고온천 전차 정거장의 광장에는 봇짱 시계가 보이는데 그 아래에는 족탕이 있다. 봇짱 시계는 일본 근대소설의 아버지 나츠메 소세키(夏目漱石, 1867~1916)의 소설《봇짱(坊ちゃん)》의 주인공 봇짱에서 따왔으며, 도고온천 100주년을 기념하여 만들었다. 매시 정각이 되면 시계 속에서 인형이 많이 나와서 춤을 춘다.

《봇짱(坊ちゃん)》은 1906년에 발표된 소설이다. 도쿄이과대학을 졸업하고

봇짱 시계 앞에서 정각이 되기를 기다리고 있다    정각이 되자 많은 인형이 여기저기서 나와 춤춘다

시코쿠의 마쓰야마중학교에 부임한 도쿄의 토박이인 '봇짱 선생님'의 좌충우
돌 이야기다. 주위의 어리석음과 무기력함에 반발하여 동료 교사인 야마 아
라시와 함께 교감인 아카샤쓰와 미술 교사 노다이코의 불의에 맞섰지만, 결
국 교사직을 그만두고 도쿄로 돌아간다는 스토리다.

　이 소설은 나츠메 소세키 자신이 도쿄사범학교 졸업 후, 영어과 교사가 되
어 마쓰야마 동고등학교에 첫 부임하여 1895년 4월부터 1896년 3월까지 근
무하였던 경험을 바탕으로 쓴 소설이다. 마쓰야마 시내의 중요한 유적은 이

정도로 보고, 내일부터는 근교의 유적을 답사하러 가야겠다.


## 과거로 돌아간 마을 우치코(內子)

내가 가지고 있는 일본 관광청의 팸플릿에는 "우치코 마을은 마쓰야마에서 남쪽으로 약 40㎞ 떨어진 곳에 있는 작은 마을로 에도 시대와 메이지 시대의 전통 가옥과 옛 모습이 그대로 남아 있어서 과거로 시간을 돌려놓은 것 같은 마을이다."라고 소개되어 있다. 아침 식사 후에 숙소에서 무료로 준 신문을 보다가 천천히 마쓰야마역으로 나와서 10시 14분 우와지마행 특급열차를 타고, 25분 후에 우치코역에 내렸다.

시간이 멈춘 것 같은 우치코 마을

역사 안에 관광안내소가 있어서 참고 자료를 몇 개 받은 후 우치코에 관해서 물어보았다. 안내원이 그곳으로 가는 대중교통 수단은 없으니, 25분 정도 걸어서 가든지, 아니면 택시를 이용하라고 한다. 택시를 타면 기본요금(620엔) 정도일 것 같아서 역전에 대기하고 있는 택시를 타고 우지코 마을의 고창사 (高昌寺)에서 내렸다. 고창사 안을 잠깐 둘러보니 와불(누운 부처님)이 있었다. 일본의 절에서 와불은 처음 보았다.

우치코 마을의 문구점, 저자의 초등학교 시절이 생각났다

마을의 가장 높은 자리에 있는 고창사에서 마을을 내려다보니 야트막한 오르막에 옹기종기 집들이 모여 있고, 좁은 길들이 나 있었다. 상점에서 팔고 있는 물건이나 상점 모습이 완전히 과거로 돌아간 듯한 모습이었다. 나는 마을을 천천히 걸어서 오르락내리락하면서 이것저것을 보았다. 목랍으로 양초, 화장품, 연고 등을 만드는 사업을 하여 큰돈을 번 가미하가(上芳我邸)의 저택은 1894년에 지었다는 것이 믿어지지 않을 정도로 화려한 이층집이었다. 입

장료 500엔을 내고 들어가 봤는데, 안에는 주택과 창고, 도자기 굽는 가마 등이 있었고, 목랍으로 제품을 만드는 다양한 재료와 만드는 방법 등을 전시한 목랍 자료관이 있었다. 이 건물은 국가 중요문화재로 등록되어 있다는 안내문이 붙어 있었다.

우치코 마을 답사를 마치고 역까지 슬슬 걸어가는데 큰길과 현대의 거리가 차례대로 나왔다. 나는 타임머신을 타고 1800년에서 2017년으로 돌아왔다. 역까지 그냥 걸어가기로 하고 계속 가는데, 현대의

오래된 극장인 우치코좌의 내부 모습

거리 속에서 옛날의 가부키 극장이 불쑥 나타났다. 극장의 명칭은 우치코좌(內子座)이다. 옛 극장 건물이 반가워서 400엔을 내고 입장해 보니 정말 옛날식으로 바닥에 앉아서 보는 객석이다. 안내원은 저자를 포함한 5명을 무대로 데리고 가서 "객석의 가운데에 있는 네모난 칸도 관중이 앉는 자리입니다."라고 객석을 설명한 후 무대 뒤의 지하로 데리고 가서 회전무대에 대하여 설명해 준다. 회전무대이지만 자동식이 아니고 무대 밑에서 여러 사람이 힘차게 밀어서 돌리는 구조였다(처음 건축할 당시로는 당연한 방법이다). 계속해서 설명하는 것을 들어 보니 이 극장은 1916년에 지어진 것인데, 1970년대에 노후화로 헐리기로 되어 있던 것을 주민들이 적극적으로 보존운동을 하여 보수 후

1985년에 재개장하였고, 지금도 공연을 한다고 한다.

　우치코역으로 돌아와서 우와지마 방향으로 특급열차를 다시 타고 1시간을 이동해서 종점인 우와지마(宇和島)역에서 내렸다. 시골 종점에 온 이유는 이곳에 국가 중요문화재로 지정된 우와지마성이 있기 때문이다. 성은 역에서 걸어서 20여 분 가야 된다. 성으로 가기 위하여 아케이드 상가를 지나는데, 상권이 영 형편없다. 다니는 사람도 없고, 상점도 반 이상 문을 닫았다.

　성문 앞에 도착하고 언덕 위의 천수각까지 다시 10분을 걸어갔다. 천수각은 아주 작았고, 관리인이 졸다가 입장료 200엔을 받았다. 성내에는 천수각의 골조 모형이 있었다. 우와지마성은 이 지역 번주인 도도 다카토라(藤堂高虎)가 1596년부터 6년에 걸쳐 구축한 성이다. 그러나 지금 남아 있는 3층 천수각은 1666년에 재건된 것이다. 재건할 때 원형대로 지었기 때문에 중요문화재로 지정된 것이다. 최초의 천수각 창문에 독특한 장식이 있었는데 똑같이 복원하였다. 성 주위의 해자는 다 메꾸어져서 지금은 없다.

　성 밖 잔디밭에는 노인 2명이 장기를 두고 있었고 탐방객은 나 혼자였다. 노인들은 나를 보고 반가운지 장기 두는 것을 중단하고 나한테 말을 건다. 내가 요청하지도 않았는데 사진을 찍어 준다고 하면서 이리저리 서라고 한다. 한국이나 일본이나 노인은 심심하다. 일본의 장기는 한국의 장기와 사용 방법이 전혀 다르다.

작지만 벽면 장식이 화려한 우와지마성 천수각

우와지마성 천수각의 골조 모형

# 바다의 신비, 나루토(鳴門)해협의 소용돌이

영화 〈명량해전〉을 보면 이순신 장군이 밀물이 썰물로 바뀔 때의 이상 해류를 이용하여 승리하였다. 이런 마술과도 같은 소용돌이를 보기 위하여 나루토해협에 가야 한다. 나루토를 가려면 근처의 대도시인 도쿠시마(德島)에 숙소를 정해야 편리하다. 다카마쓰역에서 12시 06분에 출발한 도쿠시마행 특급열차 '우즈시오호'는 종점 도쿠시마에 13시 04분에 도착했다. '우즈시오'라는 말은 '소용돌이'를 의미한다. 나루토의 소용돌이를 보러 많은 사람이 찾아오므로 기차 이름을 소용돌이호라고 한 것 같다. 내일 이동하기 쉽게 역사에 붙어 있는 JR호텔을 숙소로 정했다.

아와오도리(춤) 공연 모습

도쿠시마는 400년 넘는 역사를 자랑하는 춤 축제인 '아와오도리'로 유명하다. 아와(阿波)는 도쿠시마현의 옛 이름이고, 오도리(舞踊)는 춤이다. 일본의 추석 명절(양력 8월 15일) 기간인 12~15일까지 4일간 도쿠시마현 각지에서 이 춤축제가 벌어진다. 축제 시간은 매일 오후 6시부터 밤 10시 30분까지다. 이 축제를 보려고 매년 일본 각지에서 100만 명이 넘게 방문한다고 한다.

도쿠시마현은 축제가 없는 기간에 방문하는 관광객을 위하여 아와오도리 회관을 짓고, 그곳에서 상시 공연을 한다. 회관은 역에서 도보로 10분 거리에 있는 5층 건물이다. 공연은 오후 2시, 3시, 4시, 8시부터(하루 4회) 각각 50분 진행된다. 축제 때의 춤에 비하면 맛보기 수준이다. 외국인을 위하여 춤추는 무대 뒤에 영어로 춤 내용을 설명하는 자막이 나온다. 입장료는 800엔이다. 나는 3시 공연을 보고, 아와오도리 회관 옥상에서 뒷산 정상까지 가는 로프웨이를 타고 올라가서 시내의 경치를 한번 보고 내려왔다.

## 나루토해협의 신기한 소용돌이

나루토해협의 소용돌이를 보러 가는 날이다. 이 소용돌이는 밀물이 만조 후 썰물로 바뀔 때만 나타나므로 만조 시간이 언제인지 알고 그 시간에 맞추어 가야 볼 수 있다. 물론 다른 시간에도 관조선(조류를 관람하는 선박)은 출항하지만 소용돌이는 보지 못하고 유람선을 타고 놀다 오는 격이다. 그럼 비싼 뱃삯(1,800엔)만 아깝다. 만조 시간은 매일 달라지므로 호텔에서 알아봐야 한다. 이 지역의 모든 여관, 호텔은 프런트에 날짜별 만조 시간표가 비치되어 있다. 밀물이 꽉 찼다가 썰물로 전환되는 만조 상태는 하루에 2번씩 발생한다. 한 번은 낮에 생기고, 또 한 번은 한밤중에 생긴다. 그러므로 낮 시간의 만조 시간을 알아야 한다.

내가 가는 날의 주간 만조 시간은 오후 1시 10분이었다. 따라서 오후 1시에 출항하는 배를 타야 한다. 오전에는 시간이 남아서 버스를 타고 나루토대교를 구경하러 갔다. 나루토대교는 시코쿠의 도쿠시마현 나루토시와 대도시 고베시를 연결하는 긴 다리다. 다리 입구에는 기념관이 있는데 특별한 것은 없었다(유료). 우리나라 거제도의 거가대교가 생각난다. 섬과 대도시를 연결하는 바다 위의 다리이고, 이 다리가 없으면 아주 멀리 돌아가야 하는 점이 똑같다. 거가대교에도 기념관이 휴게소에 있는데 인기는 별로 없다(무료).

도쿠시마현 나루토시와 고베시를 이어 주는 나루토대교

나루토대교를 탐방한 후, 버스를 타고 관조선 선착장에 12시 15분에 도착하여, 오후 1시에 출항하는 배를 탔다. 10분 후에 바다 한가운데 도착해서 소용돌이를 기다렸다. 와! 잔잔하던 바다에 소용돌이가 생기기 시작한다. 점점 큰 소용

바다 소용돌이를 보러 가려고 관조선을 타고 있다

돌이가 생긴다. 소용돌이는 한 군데만 생기는 것이 아니고 여기저기서 많이 생긴다. 그리고 20분 후 바다는 다시 잔잔해진다. 이러한 소용돌이가 매일 일

어나는 세계 3대 해협은 이탈리아 시칠리아섬의 메시나해협, 카나다 밴쿠버의 세모아해협, 그리고 일본의 나루토해협이라고 한다. 매일 일어나지는 않지만, 달의 인력이 크게 작용하는 특정한 날에 소용돌이가 일어나는 해협은 여러 곳이 있다고 한다.

관조선 선박은 1시간마다 출항하지만, 소용돌이를 볼 수 있는 선박의 출항은 하루에 한 번뿐이다. 나는 평일에 갔기 때문에 늦게 가도 정확한 시간의 배를 탈 수 있었지만, 휴일이나 연휴에는 모두들 정확한 시간의 배를 타려고 몰려오므로 미리 가서 예매하고 기다려야 한다. 그런데 관조선 항구 대기실에는 식당도, 편의점도 없고 조그만 기념품 가게만 하나 있었다. 만조 시간이 점심 무렵이면 도시락이나 샌드위치를 사서 가지고 가는 것이 좋다. 나는 당연히 편의점이 있을 것으로 생각하고 먹을거리를 준비를 하지 않고 가는 바람에 2시까지 점심을 먹지 못했다. 일본 어디를 가도 흔하게 있는 편의점이 왜 여기는 없는 것이냐!

바다에서 일어나는 신비한 소용돌이

규슈(九州)

# 기독교 전파와 박해의 성지, 나가사키(長崎)

이 항목은 저자가 다니는 거제도 옥포성당에서 일본 나가사키(長崎)와 고토
(五島)로 성지순례를 갔던 이야기다. 2018년 1월 거제도 옥포성당 교우들은
나가사키로 3박 4일 성지순례를 가는 계획을 세웠다. 성당 업무에 지장이 없
도록, 두 팀으로 나누어서 한 팀이 먼저 갔다 오면 그다음에는 두 번째 팀이
가는 방식을 택했다. 우리 부부는 일부러 두 번째 팀으로 참가하였다. 첫 번
째 팀은 주임신부께서, 두 번째 팀은 젊은 보좌신부가 인솔했다. 따라서 아무
래도 두 번째 팀의 분위기가 좀 더 편안할 것 같았다.

1월 29일, 우리는 꼭두새벽인 5시에 성당에 모여서 인원 확인, 여권 확인을
하고 전세버스를 탔다. 5시 30분에 주임신부님의 전송을 받으며 출발한 우
리는 버스가 출발하자마자 잠이 들었다. 6시 30분 김해공항에 도착한 우리와
서울에서 온 베로니카가 합류하여 우리 일행은 옥포성당의 비오 신부 및 아
가다 수녀, 신도 19명, 베로니카 이렇게 22명이 되었고, 후쿠오카행 비행기를
탔다.

일본에 기독교가 최초로 전래된 것은 1549년 8월 예수회의 창설자이며 선
교사인 프란시스코 하비에르(사비에르라고 부르기도 하며, 일본에서는 자비에르라고
부른다)가 규슈 남단의 가고시마(鹿兒島) 해안에 상륙하면서다. 예수회는 하비
에르, 로욜라 등이 가톨릭 전도를 위하여 1540년 파리에서 창설한 남자 수도
자들의 단체다. 동양에 적극적으로 포교하였는데 우리나라의 서강대학교(서

울)가 예수회에서 설립한 대학이다.

하비에르는 사쓰마번(현, 가고시마)에서 번주의 허가를 얻고 포교를 시작하였으나 불교계의 항의로 포교가 금지되어 수도 교토로 갔다. 그러나 당시 교토는 전란에 휩싸여 포교할 수 있는 여건이 아니었다. 그는 다시 조슈번(현, 야마구치)으로 가서 번주의 허가를 얻어 교회를 세우고 활발한 전도 활동을 하였다. 그 후 하비에르는 중국으로 전도를 떠난 후 47세의 나이로 병사하였으나 그의 후계자들에 의하여 기독교는 급속하게 성장하였다. 1582년 예수회의 '일본 선교활동 보고'에 따르면 200여 개의 성당과 15만 명의 신자가 있었다고 한다. 이는 선교사 75명의 포교활동에서 얻은 커다란 성과였다. 가고시마의 하비에르 전도사가 최초로 상륙한 해변에는 기념비가 세워져 있다.

당시 가톨릭 선교사들이 문화적인 전통이 전혀 다른 일본에서 성공을 거둘 수 있었던 요인으로는 여러 가지를 들 수가 있다. 그들은 교리의 설득보다는 인간적인 모범을 보이는 것을 더욱 중시하였다. 솔직하고 강건한 선교사들의 모습은 타락한 불교의 승려나 물질주의에 비하여 매력적으로 비칠 수 있었다. 그뿐만 아니라 서구의 문명과 지식의 전파는 지배층에게도 호감을 주었으며, 선교사들은 갖가지 진품을 헌상하여 번주의 환심을 사기도 하였다. 또한 번주들은 무역 확대를 통하여 부를 누리려는 의도에서 기독교의 수용을 허락하기도 했다.

그러나 전국 시대가 끝나고 일본의 통일이 완성되어 가는 과정에서 개방은 폐쇄로 돌아서고, 1587년 도요토미 히데요시(豐臣秀吉)가 기독교 포교 금지령를 내리고 선교사는 모두 일본을 떠나라고 하였다. 그 후 에도막부가 들어선 후 1613년에 강력한 기독교 금지령(キリスト教禁止令)을 공포하여 260년간 기나긴 기독교 탄압의 시대가 있었고, 메이지유신이 단행된 지 5년이 지난

1873년이 되어서야 종교의 자유가 회복되었다. 당시 일본은 나가사키가 국제무역항으로 개방되어 있었기에 외국인과의 접촉이 많은 나가사키 주민 중에서 기독교 신자가 많이 생겨났다.

나가사키 대교구 주교좌 성당인 우라카미 성당

우리 일행이 한 시간의 비행을 한 후에 후쿠오카공항에 내리니 나가사키 대교구에서 근무하시는 한국인 수녀님이 마중 나와 계셨다. 수녀님은 3박 4일 동안 우리를 안내해 주실 분이다. 우리는 함께 버스를 타고 이동하였다. 부산에서 일본까지 한 시간 걸렸는데, 후쿠오카에서 나가사키로 오는 데는 2시간이 걸렸다. 바로 점심 식사를 한 후, 우라카미성당(浦上天主堂)으로 가서 도착 미사를 보고, 원폭 피해를 입은 성당 주변을 둘러보았다. 이 성당은 1945년 8월 9일 나가사키에 투하된 원자폭탄에 의해 완전히 파괴됐으나 1959년에 재건되었다. 가톨릭 나가사키 대교구의 주교좌성당(주교가 근무하는 성당)으로 일본 최대 규모의 가톨릭교회이자, 나가사키의 관광 명소가 됐다. 성당에서는 원폭의 잿더미 속에서 발견된, 피폭된 마리아상, 부서진 성당의 종루 등 원폭의 유적도 볼 수 있었다. 일행은 성물방에 가서 기념이 될 만한 작은 성물을 하나씩 샀다.

　　수녀님은 일본은 신도(신사)의 영향으로 기독교가 참으로 미미한 수준이라고 하시면서 개신교의 신자 수는 알지 못하고, 가톨릭 신자 수는 전 인구의 0.36% 수준인 45만 명이라고 하였다. 내 생각에는 개신교 신자가 훨씬 많다고 하여도 기독교 교인의 수가 인구의 1%를 넘지 못할 것 같았다. 우리나라 경우 2015년도 통계청 발표에 의하면, 가톨릭 신자가 전 인구의 8%, 개신교 신자가 19%를 점했다. 우리나라와 비교하면 일본은 너무 적다. 그나마 신자의 60%가 이곳 나가사키현에 살고 있다고 하니, 다른 지역에서 교회나 성당을 보기는 상당히 어려울 것 같다. 성당을 답사한 후 걸어서 인근에 있는 나가사키 평화공원에 갔다.

나가사키 평화공원의 평화기념상

　히로시마에 원자폭탄이 떨어진 3일 후 1945년 8월 9일에 나가사키에 또다시 원자폭탄이 떨어졌다. 원래 이 폭탄은 나가사키 동북쪽의 고쿠라(小倉)에 떨어트릴 예정이었다. 미군 폭격기가 고쿠라 상공에 도착하니 구름이 많이 껴서 목표물을 찾을 수 없어서 제2의 목표 지점인 나가사키에 투하하였다고 한다. 나가사키 역시 히로시마처럼 엄청난 원폭의 피해를 보았다.

　나가사키 평화공원은 원폭이 떨어진 자리에, 원폭 피해 희생자들을 위로하고 앞날의 평화를 기원하기 위해 만든 공원이다. 이 공원에도 히로시마와 같이 원폭 피해자 추모기념관과 '한국인 희생자 위령비'가 있었다. 그런데 히로시마 공원과 달리 무시무시한 인상의 큰 청동 조형물이 있었다. 이 조형물 이름이 평화기념상인데, 나가사키 시민들의 평화에 대한 염원을 상징하는 동상으로 높이가 9.7m, 무게는 30톤이다. 제작자인 나가사키 출신의 조각가 기타무라 세이보(北村西望)는, "이 상은 신의 사랑과 부처의 자비를 상징하며, 하늘을 가리키는 오른손은 '원폭의 위협'을, 수평으로 뻗은 왼손은 '평화'를, 가볍게 닫은 눈꺼풀은 '원폭 희생자의 명복'을 빈다."라는 마음을 담았다고 한다. 손을 뻗은 것은 알겠는데, 동상이 너무 높아서 눈꺼풀이 닫혔는지 열렸는지는 보이지 않는다.

다음 일정으로 오우라성당(大浦天主堂)에 도착했다. 마침 우리 숙소가 이 성당 바로 아래에 있었기에 짐을 숙소에 놔두고 언덕을 올라갔다. 성당은 당시 세계문화유산 잠정 목록에 들어 있었기 때문에 정식 등록을 하려고 외부를 수리하고 있었다. 그러나 내부는 공사를 하지 않고 있어서 우리는 성당 안으로 들어가서 둘러보고 기도를 하고 나왔다. 그 후 이 성당은 2018년 6월에 정식 세계문화유산으로 등록되었다.

이 성당은 1864년에 프랑스인을 위한 성당으로 건립되기 시작하여 1865년 2월에 완성되었다. 일본에서 제일 오래된 현존하는 기독교 건축물로서 순교공원 니시자카를 향하고 있다. 이 성당은 기독교가 금지된 당시의 일본에서 250년간 은밀하게 천주교 신앙을 지켰던 우라카미 마을의 신도들이 1865년 3월 17일(성당 완성 한 달 후) 몰래 성당을 찾아와서 프랑스인 신부 프티장을 만나는 세계 종교 역사상 기적이라는 '나가사키 신자 발견'의 무대이기도 하다. 성당 입구 정면에는 신자 발견을 기념하여 프랑스에서 보내온 마리아상 '일본의 성모상(日本之聖母像)'이 있다. 성당 외부는 수리 중이어도 내부는 사뭇 엄숙하고 경건하였다. 이 성당은 현재 신자들의 성당으로는 사용하지 않고, 찾아오는 분들에게 역사의 현장을 보여 주는 문화 유적이다. 신자들의 미사는 인근에 새로 세운 성당에서 한다고 한다. 오늘은 여기까지가 답사 일정이었다.

세계문화유산 등록을 위하여 수리 중인 오우라성당

## 고토(五島)섬 순례

순례 2일 차다. 오늘은 고토(五島)섬을 1박 2일로 찾아가는 날이다. 일본의 기독교가 심한 박해를 받을 때, 신자들이 숨어서 신앙을 지키기 위하여, 나가사키에서 서쪽으로 멀리 떨어진 '고토 열도'로 이주했다고 한다. 고토 열도는 나가사키에서 서쪽으로 약 100㎞ 떨어진 바다에 5개의 큰 섬과 140개의 작은 섬으로 이루어진 열도다. 큰 섬이 5개라서 오도(五島)이고, 오도의 일본어 발음이 고토(ごとう)다.

우리는 나가사키항에서 고속 페리를 탑승했다. 7시 50분에 출발한 선박은 속도가 매우 빨라서, 선박의 벽에 있는 속도계가 시속 80㎞를 표시하고 있었다. 이 배는 먼저 시모고토(下五島)의 후쿠에(福江)항에 먼저 입항하여 승객을 하선시킨 후, 그곳에서 나가사키로 나가는 승객을 태웠다. 10시 정각에 우리의 목적지인 가미고토(上五島)의 나라오(奈良尾)항에 도착하였다. 항구에는 우리가 예약한 전세버스가 대기하고 있었다.

고토에는 신앙의 박해가 풀린 후에 신도들이 성당을 많이 지어서 신앙생활을 하는 사람이 꽤 있었지만 지금은 신자가 적어서 파견신부도 적고, 대부분의 성당이 공소(신부가 상주하지 않는 성당)로 운영되고 있다고 한다. 우리는 우선 첫 번째로 바닷가의 아담한 나카노우라(中之浦)성당을 방문했다. 성당에는 아무도 없었고 문이 열려 있었다.

바닷가 동백꽃이 피는 나카노우라성당

바닷가에 아담하고 동백꽃이 피어 있는 것이 내가 사는 거제도의 지세포성당과 많이 닮았다. 이 성당도 현재 공소라고 한다.

다음으로 찾아간 곳은 다이노우라(鯛之浦)성당이었다. 이 성당은 상당히 크다. 원래의 성당은 박해기념관으로 사용하고 있고, 그 옆에는 순교하신 분들의 동상이 있었다. 신자들은 조금 아래에 새 성당을 지어서 사용하고 있었다. 성당 이름이 우리말로는 도미잡이 포구인 것을 보니 아마도 옛날에 여기서 도미를 많이 잡았던 것 같다.

다이노우라성당 구내의 순교자 동상들

점심을 먹고는 가시라가시마(頭ヶ島)성당에 갔다. 이 성당은 박해 받던 시절이 끝난 후 양지로 나온 신자들이 직접 돌을 캐서 손으로 지은 석조건물이다. 우리가 방문했을 때는 성당이 세계문화유산의 잠정 목록에 등록되어 있었고, 정식 등록을 위하여 보수 공사를 하고 있었다. 그 후 2018년 6월 오우라성당이 '나가사키와 아마쿠사 지방의 잠복 기리스탄 유적'이라는 명칭으로 세계문화유산으로 등록될 때 이 성당을 포함하여 고토섬에 남아 있는 몇 가지 잠복 기독교도 유적이 함께 등록 목록에 포함되었다. 성지순례 후, 세계문화유산으로 지정되었다는 뉴스를 듣고서 성당의 홈페이지에 한번 접속해 보았다. 간소한 홈페이지에는 박해 시대의 이야기와 지금의 성당을 신자들이 지었다는 이야기가 소개되어 있었다.

"전국 시대에 고토의 번주인 우쿠 준죠(宇久純定)가 기독교 포교를 인정하였고 한때 2,000명의 신자가 있었다. 그러나 막부의 금교령으로 기리시탄(기독교도)은 숨었다. 에도 시대 후기인 1797년, 고토번이 오무라번에 황무지 개간요원의 이주를 요청한 것을 계기로, 섬 밖의 잠복 기리시탄이 바다를 건너고, 고토 각지에는 다시 기리시탄 취락이 생겼다. 가미고토에 있

세계문화유산으로 등록된 가시라가시마성당

는 가시라가시마 마을은 1859년경에 개간요원의 입주가 시작되고, 관리들의 눈도 잘 닿지 않아 잠복하는 기리시탄이 늘었다. 1867년 외국인 신부가 나가사키에서 은밀히 가미고토로 찾아왔다. 이듬해에는 기리시탄에 대한 강력한 탄압으로 고토의 기리스탄 마을은 붕괴되었다.

금교령이 해제된 후 1887년에는 목조건물 교회가 세워지고, 1919년에 현재의 석조건물 교회가 완공되었다. 데쓰카와 요스케(鐵川與助)가 설계하고, 인근 섬에서 깨어 낸 큰 돌을 신자들이 배로 옮겨서 건립했다. 내부

는 배 바닥과 같은 모양의 절상천정(折上天井)[6]으로 곳곳에 동백나무를 모티브로 한 꽃무늬를 그려 넣어서 꽃의 성당이라는 애칭도 있다. 희귀한 돌을 사용하여 중후한 외관과 화려한 내부가 특징인 성당으로 2001년에 국가의 중요문화재로 지정되었다."

청사포성당의 스테인드글라스 창문

다음으로 우리는 바닷가의 작은 히야미즈(冷水)성당에 잠깐 들러서, 북쪽으로 좀 멀리 떨어진 우리말로는 청사포성당인 아오사가우라(青砂ヶ浦)성당을 방문했다. 청사포성당은 붉은 벽돌로 지은 큰 성당으로 스테인드글라스가 아주 예쁘게 장식되어 있었다. 우리는 여기서 정식 미사를 보았다. 남북으로 길게 되어 있는 가미고토의 남쪽 항구에 내려서 북쪽 거의 끝까지 갔다가 내려오니, 해가 짧은 겨울이므로 벌써 저녁이었다. 우리는 숙소로 갔다. 숙소는

6　천정을 2단을 올려서 건축한 것으로, 천정이 낮은 경우 실내의 답답함을 없애는 효과가 있다.

새로 지은 온천이 있는 2층 서양식 호텔이었다.


## 니시자카(西坂) 성인상

순례 3일 차다. 아침 9시 50분에 어제 내렸던 항구에서 배를 타고 다시 나가사키로 향했다. 페리는 들르는 곳 없이 바로 나가사키항에 11시 10분에 도착하였다. 배가 삼각 코스로 운행하므로 가미고토로 갈 때는 2시간 넘게 걸리고, 가미고토에서 나가사키로 나올 때는 1시간 20분밖에 걸리지 않는다. 배에서 내려 이른 점심을 먹고, 나가사키에서 제일 큰 성지인 니시자카(西坂, 서쪽 언덕)공원으로 갔다.

26성인의 순교 장소에 세워진 니시자카 순교 성인상

니시자카공원은 토요토미 히데요시(豊臣秀吉)의 기독교 금지령에도 불구하고 숨어서 전도하던 선교사와 신자가 순교한 곳이다. 1597년 2월 교토와 오사카에서 전도하고 있던 선교사 6명과 일본인 신도 20명이 여기서 처형되었다. 26성인의 순교 이후 많은 신자가 물고문, 불고문, 땅에 파묻기 같은 끔찍한 방법으로 처형되었다. 원폭의 피해를 극복하고 부흥한 나가사키현은 이 언덕을 공원으로 만들고 사적으로 지정했다. 1962년에 26성인 등신대의 청동상을 넣은 기념비가 광장에 세워졌으며, 인근에는 기념관과 성당이 세워졌다. 또한 1950년 로마교황 피오 12세가 이 땅을 가톨릭 신자의 공식 순례지로 지정했다. 우리는 공원의 성인상 앞에서 기도하고, 옆의 기념성당에 들어가서 정식 미사를 보았다. 미사를 본 후 시마바라로 이동했다. 꽤 멀어서 버스로 3시간 정도 소요되는데, 중간에 저녁을 먹어서 저녁 늦게 '시마바라 시사이드호텔'에 도착하였다.

## 시마바라(島原), 운젠(雲仙)

순례 4일 차다. 아침 일찍 시마바라성당에 갔다. 성당은 외형이 작고 동그래서 참 아담하고 예뻤다. 안에 들어가 보니 의자가 조금밖에 없었다. 미사 준비를 하고 있는 일본인 수녀님에게 성당의 실내는 넓은데 왜 의자가 별로 없느냐고 이야기하자, 성전 건축 때와 달리 신자가 점점 줄어들어서 지금의 의자도 남는다고 하신다. 그 이야기를 듣는 우리는 좀 씁쓸했고 전도도 하지 않는 일본 신도(신사)의 힘이 대단함을 느꼈다.

동그랗고 아담한 시마바라성당

　우리는 여기서 미사를 본 후 운젠 순교지로 갔다. 운젠은 옛날은 물론 지금
도 노천에서 펄펄 끓는 온천물이 나오는 지옥온천으로 유명하다. 박해 당시
신자들을 이 뜨거운 온천물에 담그고 배교하면 꺼내 준다고 했다니 얼마나
잔인한 처사인가. 운젠 지옥온천의 산 중턱에는 순교자를 기억하는 작은 순
교비가 있었다.

　이로써 예정된 순례지는 모두 답사하였다. 이제 후쿠오카 공항으로 돌아가
서 귀국해야 한다. 버스는 후쿠오카를 향하여 달렸다. 한국인은 일본에서 버
스를 타면 갑갑함을 느낀다. 일본의 버스는 내부 좌석들 간의 간격이 좁고,
고속도로에서도 시속 80㎞로 다닌다. 후쿠오카 시내에 들어오니 오후 2시 30

분이었다. 비행기 출발 시간까지 여유가 있으므로, 공항과 가깝고 후쿠오카 관광 1번지인 천만궁 신사 앞의 요란한 상가 거리에서 2시간의 자유 시간을 보낸 후에 귀국하였다.

운젠온천으로 유명한 운젠산의 중턱에 세워진 순교비

상가 거리에는 커다란 약국이 두 개 있어서 일행은 흩어져서 각자가 맘에 드는 곳에 들어가서 이것저것 보기도 하고, 사기도 하였다. 일본의 약국은 우리나라와 달리 '약국 + 잡화상'이다. 일부 인원은 천만궁(天滿宮)에 들어가서 답사하였다. 다른 종교를 무조건 배척하지 말고 내 종교가 중요하다면, 다른 종교도 인정해 주는 것이 현대사회의 올바른 종교관이 아닐까 한다. 이 신사는 905년에 창건되어 학문의 신인 스가와라 미치자네(菅原道眞, 845~903)를 모시는 곳이다.

스가와라는 헤이안 시대의 천재이자 정치가로서 많은 업적을 남겼다. 하지만 당시 실세인 후지와라 가문의 음모에 휘말려, 역모를 꾀했다는 누명을 쓰고 이곳 다자이후 지방으로 귀양을 왔다가 903년에 질병으로 죽었다. 그가 죽은 후 수도 교토에는 기괴한 일이 많이 발생했고, 그를 모함한 사람들이 불치병에 걸리거나 벼락을 맞고 죽었다. 이에 겁먹은 후지와라 가문은 스가와라에게 천만(天滿, 텐만)이라는 신호를 붙여서 신으로 추대했다. 신으로 추대했으니 신이 사는 집이 있어야 하므로 이 신사를 지어 바쳤다.

스가와라 미치자네는 살아서 천재이고, 죽어서는 학문의 신이다. 그래서 이 신사에 참배하고 기도하면 자녀들이 공부를 잘한다고 해서 자녀 교육열이 높은 일본에서 인기가 제일 많은 신사다. 스가와라를 모신 천만궁 신사가 전국에 1만 곳이 넘는다고 한다(전체 신사는 8만 곳 이상). 저자가 대학 입학 시즌에 이 신사를 한번 방문한 적이 있는데, 어찌나 사람이 많은지 상가에서 신사까지 걸어갈 수가 없었다. 신사 앞에는 커다란 소의 동상이 있는데, 그 소가 스기와라의 장례 때 유체를 싣고 가다가 이 자리에서 꼼짝도 하지 않았다고 한다. 스가와라가 귀양을 가기 위하여 교토를 떠나면서 자기 집의 매화를 보고 지었다는 시가 유명하다.

동풍이 불면 향기를 뿜어라!
매화꽃이여
주인이 없다고 봄을 잊지는 말아라!

# 임진왜란 총지휘부가 있던 가라쓰(唐津)

임진왜란은 1592년(선조 25)부터 1598년까지 2차에 걸쳐 우리나라를 침입한 일본과의 싸움이다. 현대식 표현으로 하자면 한일전쟁이다. 1차 침입이 임진년에 일어났으므로 임진왜란이라 부르며, 2차 침입이 정유년에 있었으므로 정유재란이라 한다. 하지만 '임진왜란' 하면 일반적으로 정유재란까지 포함하여 말한다. 이 전쟁을 일본에서는 당시 연호를 따서 '분로쿠게이초(文祿慶長)의 역(役)'이라 부른다. 일본어의 역(役, 에키)은 전쟁이라는 뜻이다.

임진왜란에 관하여 우리가 잘 알고 있는 한국 쪽 사정은 빼고, 일본은 어디서, 어떻게 전쟁 준비를 하고 병력을 보냈는지 알아보겠다. 오다 노부나가가 일생을 바쳐 통일전쟁을 하다가 죽자, 오다 노부나가의 부하인 도요토미 히데요시(豊臣秀吉)가 시코쿠에서 전투를 하고 있다가 급거 교토로 상경하여 정권을 잡는다. 그리고 오다 노부나가의 대업을 이어받아 마침내 전국을 통일하는 데 성공한다.

도요토미는 오랜 기간에 걸친 싸움에서 습득된 번주(다이묘)들의 강력한 무력을 해외로 방출시켜, 국내가 다시 분열되어 싸움을 하는 일이 생기지 않도록, 명나라를 침공할 계획을 수립한다. 그리고 대마도 번주에게 명하여 조선과 사신 교환을 협의하도록 했다. 그 의도는 조선과 동맹을 맺고 명나라를 같이 치자는 것이었다. 그러나 이는 일본의 터무니없는 제안이고, 당시 조선은 명나라에 조공을 바치는 나라였으므로 일본과 동맹을 맺어 명나라를 공격할 수 없었다.

도요토미는 조선과의 교섭이 결렬되자 바로 원정군을 편성하여 조선을 침공할 준비를 한다. 그래서 규슈 북쪽의 가라쓰(唐津) 항구가 내려다보이는 언덕에 새롭게 나고야성(名護屋城, 나고야에 있는 나고야성과는 한자가 다르다)을 쌓을 것을 지시한다. 성 구축 공사를 하면서 전국의 번의 병력을 이리로 불러서 진지를 나누어 주고 전쟁 준비를 시켰다. 성은 불과 1년 만에 완성되고, 도요토미는 본인이 직접 나고야성에서 상주하면서 부대를 지휘하고 부대 편성을 마친다. 그리고 1592년 음력 4월 13일 가라쓰항에서 선발대가 출발한다. 가라쓰(唐津)항구는 글자에서 볼 수 있듯이 중국과 무역을 하던 선박이 드나들던 항구였다. 우리나라의 당진과 똑같다.

금방 끝날 것 같았던 조선 침공이 긴 전쟁으로 이어지자, 교토 인근의 후시미성에서 지내던 도요토미는 당황해하고 갑갑해하다가 1598년 8월 18일 죽는다. 그의 죽음과 함께 조선에 나가 있는 병력은 철수를 시작하고, 일본 내에서는 후계자 문제로 도요토미의 아들 추대파와 도쿠가와 이에야스 추대파 간에 신경전을 벌인다. 조선으로 출병했던 병력이 모두 가라쓰항으로 철수하자, 전쟁을 위하여 만들었던 나고야성을 고의로 부수고, 모든 병력을 각 번으로 돌아가게 한다.

가라쓰에는 전쟁을 위하여 수십만 명의 사람이 들락거리다가 조용해지고 주민들은 다시 농사를 짓는다. 그리고 언덕 위에 있던 멋진 성이 없어졌음을 안타깝게 생각해서 부서진 성의 큰 돌과 자재를 하나씩 하나씩 마을에 모은다. 7년 동안 모아서 그것으로 시내 중심에 성을 쌓기 시작한다. 그것이 지금 남아 있는 가라쓰성이다.

폐석을 이용하여 시내에 세운 가라쓰성

　2016년 11월 우리 부부는 이 유적을 찾아 나섰다. 가라쓰로 가려면 후쿠오카공항에서 전철 또는 버스로 1시간 30분 정도 이동해야 된다. 차편은 자주 있다. 버스는 가라쓰시에 들어와서는 여러 곳에 정차하므로 자기의 숙소에 가까운 정거장에서 내릴 수 있다. 가라쓰 버스터미널에 내리려면 정거장 이름이 버스 터미널이 아니고 '오테구치(大手口)'인 것만 주의하면 된다.

　거라쓰에 가면, 가라쓰 해변의 소나무 방풍림을 꼭 가 보아야 한다. 일본의 명승에 들어 있는 이 소나무 방풍림은, 전쟁이 끝난 후 주민들이 세찬 바닷바람을 막으려고 해변을 따라서 길게 소나무를 심은 것이다. 400년이 지난 지금은 소나무들이 촘촘하게 잘 자라서 장관을 이루고 있다. 방풍림이 무지개처럼 반원형으로 되어 있다고 '무지개 송림'(虹の松原, 니지노마쓰바라)이라고 부른다.

가라쓰시 앞바다의 강풍을 막는 방풍림은 주민들이 조성했다

다음 날 아침 임진왜란 유적지 탐사를 나섰다. 이곳을 가려면 가라쓰 시내의 버스터미널에서 요부코(呼子)로 가는 버스를 타야 한다. 30분이 소요되고, 버스는 1시간에 1대 정도 있다. 요부코 항구의 작은 버스터미널에 내려서, 나고야 성터로 가는 마이크로버스로 갈아탄다. 성터까지는 10분 정도 걸리고 버스는 자주 다닌다. 또한. 가라쓰 터미널에서 나고야 성터까지 바로 가는 것도 있는데 드물게 다닌다. 요부코(呼

오징어 횟집 이카본가 본점, 후쿠오카에 지점도 있다

오징어를 잘게 썬 모습이 예술이다

子)는 큰 어항이다. 특히 오징어잡이 어선이 많다. 따라서 항구에는 솜씨 있는 오징어 전문 음식점이 여러 곳 있다. 성터 답사를 마치고 돌아올 때는 꼭 들러서 먹고 가야 한다.

요부코항 앞에는 백제 무령왕(461~523)이 태어난 섬이라고 하는 가당도(加唐島, 가카라시마)가 있다. 섬에는 무령왕이 태어났다고 하는 동굴이 있다. 《일본서기》 유라쿠천왕 5년조(461)에는 "개로왕은 아우인 곤지를 왜(倭)에 사신으로 보낼 때, 임신한 부인을 함께 보냈다고 한다. 그런데 가는 도중 곤지의 아내가 산기를 느껴 지금의 요부코 북쪽에 있는 섬인 가카라시마에 정박하여 무령왕을 출산했다."라는 기록이 있다. 그러나 우리나라 《삼국사기》에는 무령왕이 동성왕의 둘째 아들이라고 기록되어 있다. 곤지의 아들이면 동성왕의 이복동생이 되는 것이다.

가당도에는 주민이 많이 살아서, 요부코에서 왕복하는 배편이 하루에 5~6회 있는데 무령왕이 태어났다는 동굴을 가 보는 여행객도 있다. 우리나라 사학자들도 무령왕이 일본에서 태어난 것은 모두 인정하는데, 태어난 장소에 대해서는 이설이 있다.

일본은 임진왜란을 패배한 전쟁으로 여겨서 역사책에서 짧게 언급하고 있다. 또한 여기저기 옛 역사 유적을 복원하면서 이쪽은 우선순위에서 밀렸다. 그러다가 1976년부터 사가현 교육위원회와 가라쓰시가 협력해 '나고야 성터 및 진영 보존정비사업'을 시행하고 있으며, 나고야 성터에 사가현 '현립 나고야 박물관'을 지어서 성터에서 발굴한 유물을 잘 보존하고 있다. 유적지에 펜스도 설치하고 안내원도 배치했으며 입장료도 조금 받는다(100엔).

도요토미 히데요시는 나고야성에 상주하면서 성으로부터 반경 3km 안에 다이묘들의 진영을 구축했는데, 이들 120여 곳의 진영은 진제이정(鎭西町)을 중심으로 요부코정(呼子町), 겐카이정(玄海町)까지 퍼져 있으며, 지금도 일부 성벽과 흙담이 남아 있는 것을 볼 수 있다. 에도 건설 때문에 조선 출병에서 제외된 도쿠가와 이에야스도 후방 보급을 지원을 위하여 이곳에서 조금 떨어진 곳에 진영을 만들었다. 그 자리가 지금 나고야 보육원 일대이며 성벽이 남아 있다. 북쪽 해변이 잘 보이는 나고야 성터에

나고야성의 천수각이 있었던 자리

그 아래에 진을 치고 있던 다이묘(번주)들이 이름과 그 당시 동원된 병사 숫자, 배치되었던 위치를 안내하는 표시판이 있다.

나고야성의 성벽 유적

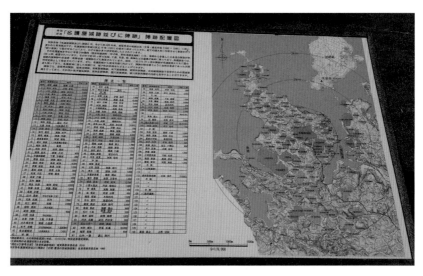

임진왜란 당시 성 주위에 배치된 다이묘들의 위치와 병력 수를 표시한 안내판

　유적은 아니지만 이곳에서 멀지 않은 곳에 제주 올레와 자매결연한 규슈 올레의 10코스(가라쓰 코스)의 끝 부분이 있다. 해안가 절경인 곳에 있으며, 그곳에는 소라구이 포장마차와 돌하르방도 있으므로 시간이 있으면 한 번 가서 볼 것을 추천한다. 규슈 올레 코스에 돌하르방이 있는 것은 규슈 올레가 제주 올레 사무국의 기술 지원(유료)을 받아서 만들어졌기 때문이다. 이곳에 가려면 요부코 버스터미널에서 하도미사키(波戸岬)행 버스를 타고 25분 후 종점에서 내려야 한다. 우리는 바닷가의 작은 섬을 산책 겸 한 바퀴 돌았는데 경치가 정말 좋았다. 돌아갈 때는 언덕을 올라가서 소라구이 포장마차에 들어갔다. 포장마차에서 버스를 기다리면서 소라와 오징어 그리고 정종 한 잔을 먹는 맛이 아주 좋았다(한국 소주도 있었다). 포장마차는 주민들이 하는 것으로 10여 개가 똑같은 메뉴를 팔고 있었다.

경치가 수려한 규슈 올레 10코스의 끝에 제주도가 기증한 돌하르방이 있다

# 메이지유신의 고향인 가고시마(鹿兒島)

　일본은 아시아에서 유일하게 자력으로 근대화에 성공하여 식민지를 거느리는 제국으로 성장할 수 있었다. 도쿠가와 막부를 무너뜨리고, 교토에 있는 천왕을 에도로 모셔 와서 상징적인 신으로 삼고, 에도의 이름을 도쿄(東京)로 바꾸고, 실질적인 권력은 내각이 가지고 서양식으로 국가를 운영하는 체제를 갖추게 된 것을 메이지유신이라고 한다. 메이지유신은 단기간이 아니라 1867년 말부터 1869년 초까지 의 격동의 과정을 거쳐서 이루어졌다. 이 유신이 성공하는 데 가장 큰 기여를 한 사람이 사쓰마번(현, 가고시마)의 장군 사이고 다카모리(西鄕隆盛)와 도사번(현, 고치현)의 무사 사카모토 료마(坂本龍馬)다.

　그러면 일본은 어떻게 막부를 타도하고 메이지유신에 성공할 수 있었을까? 이 과정에서 제일 중요한 역할을 한 것은 서남 지역의 유력 번들이다. 메이지유신 세력에게는 조슈·사쓰마·도사·히젠번의 군사력과 경제력이라는 실질적인 물적 토대가 있었다. 4대 번은 에도막부 시기에 중앙에서 소외된 번들이었지만, 지리적으로 서양 상선이 지나다니는 규슈에 있었기에 서양과 무역이 금지되던 시기에 밀무역을 통하여 넉넉한 재정을 확보하고, 서양 신무기와 선박을 먼저 도입할 수 있었다. 그리하여 강력한 군대를 가질 수 있었다. 서남 유력 번의 경제력도 중요하지만 또한 걸출한 지도자들의 능력을 빠뜨릴 수 없다. 메이지유신의 주도적 인물은 조슈·사쓰마·도사번의 하급 사무라이 출신들이다. 메이지유신의 해인 1868년에 그들 중 대부분은 30대 초반이었다.

1864년 금문의 변을 일으킨 조슈번은 교토에 큰 화재를 남기고 자기 번으로 도주했다. 숨을 돌린 도쿠가와 막부는 조슈번을 그대로 둘 수 없어서 조슈번 토벌에 나선다. 조슈번을 금방 토벌할 수 있을 것 같았지만, 막부군에 동원된 번들의 참전 의지가 약했고, 막부 또한 그동안 재정이 약해져서 군사적 지원을 제대로 할 수 없었다. 막부군의 사령관은 사쓰마번의 사이고 다카모리였는데, 그 역시 조슈와의 전쟁에 번의 힘을 소모하고 싶지 않았다. 그래서 막부와 조슈번의 관계를 적당히 조정하여 조슈번에서 '금문의 변' 책임자들을 막부로 보내는 조건으로 전쟁을 끝낸다. 이후 조슈번은 군대를 강하게 할 필요성을 느꼈지만, 막부는 서양 영사관에 조슈번과 무기 및 선박의 거래 금지령을 내려 조슈번을 군사적으로 봉쇄하였다(이를 제1차 조슈 정벌이라고 한다).

제1차 조슈 정벌이 서로 간의 충돌 없이 대치로만 끝난 후, 막부는 여전히 반항적인 태도를 보이는 조슈번을 다시 한번 치기로 결정한다. 1866년 6월 막부군의 해군이 먼저 조슈번 남부의 섬인, 스오오시마(周防大島)에 포격을 개시하면서 제2차 조슈 정벌의 전쟁이 시작되었다. 일단 자신 있게 먼저 포문을 연 막부군이었지만, 사실 그들의 사기는 바닥을 치고 있었다. 막부군의 구성은 막부 직속의 군대가 아니고 인근 번들의 군사를 끌어온 것이었는데, 이때 조슈 정벌에 동원된 병사들과 번주들은 제1차 조슈 정벌과 마찬가지로 전혀 싸울 의욕을 보이지 않았다.

또한 막부는 조슈번과 서양 간의 거래를 금지시켰기에 서양의 신식 무기가 없을 줄 알았는데, 막부군보다도 막강한 서양의 신식 무기와 선박을 가지고 있었다. 1865년 여름 제2차 조슈 정벌 계획을 알아챈 조슈번은 무기를 살 수 없어서 답답해했는데, 평화론자인 도사번(현, 고치현) 출신 사카모토 료마가 비밀리에 사쓰마와 조슈의 화해를 추진했다. 사카모토는 무기를 살 수 없는 조슈를 위해서 사쓰마가 무기와 선박을 서양으로부터 사서 조슈에게 주고, 조슈는 사쓰마에게 부족한 식량을 공급해 주는 조건을 제시했다. 드디어 사카모토 앞에서 조슈의 기도 다카와리(木戸孝允)와 사쓰마의 사이고 다카모리(西郷隆盛)는 사쓰마·조슈동맹에 합의했다. 이 덕분에 조슈번의 대부분의 병력이 서양의 신식 무기로 무장하고 있었다. 조슈의 라이벌인 사쓰마는 제2차 조슈 정벌이 시작되기 직전인 1866년 3월에 막부 연합군을 이탈한 뒤 물밑에서 조슈를 지원하고 있었다(삿쵸동맹 발효). 그래서 이 전쟁은 시작하기도 전에 결과가 나와 있는 것이나 마찬가지였다.

그리고 한창 전쟁이 벌어지고 있을 때, 제14대 쇼군 도쿠가와 이에모치가 죽으면서 막부군은 사실상 전의를 모두 상실하게 된다. 새로 쇼군이 된 도쿠가와 요시노부는 곧바로 조슈군과 평화협상을 시작하고, 결국 막부군이 조슈에서 아무런 수확도 거두지 못하고 철수하게 되면서 이 전쟁은 조슈번의 승리로 끝나게 된다. 삿쵸동맹은 아예 더 나아가서 함께 막부를 토벌하기로 결의하고 군사를 움직인다. 이때 이를 막고 나선 사람이 사카모토 료마다. 사카모토는 고치번의 번주를 통하여 쇼군에게 평화적 통치권 반환을 건의할 것을 부탁한다. 쇼군이 된 지 얼마 안 되는 제15대(마지막) 쇼군인 도쿠가와 요시노부(德川慶喜, 1866~1867)는 1867년 10월 14일 천황에게 통치권 반환을 신청하였고, 그다음 날 천황이 이를 받아들인다. 이를 대정봉환(大政奉還)이라고 한다.

상황은 다시 한 번 반전된다. 대정봉환의 두 달 후인 1867년 12월 10일, 사카모토 료마가 교토에서 암살당한다. 그리고 막부는 문서로는 통치권을 반환했지만 실질적으로는 그렇게 하지 않았다. 이에 삿쵸동맹군은 무력으로 막부 타도에 나선다. 이것이 보신전쟁의 시작이다. 에도에 있던 사쓰마번의 번저

가 막부의 공격을 받아 불에 타면서 막부와 사쓰마번도 교전 상태에 들어갔다. 그리고 사쓰마번·조슈번과 대립하던 아이즈번(현, 후쿠시마현)과 구와나번(현, 미에현) 등의 친 막부 세력도 병력을 집결시켰다. 쇼군 도쿠가와 요시노부는 막부 연합군을 교토로 진군시키는 것을 허락했다. 삿쵸 연합군의 대장은 사이고 다카모리였다. 이 전쟁의 결과로 도쿠가와 막부는 1868년 막을 내리고 새로운 정치 체제가 서서히 시작된다. 이를 연호인 메이지(明治)를 따서 메이지유신(明治維新)이라고 한다.

메이지유신 150주년 행사를 알리는 거리의 깃발

2018년은 메이지유신 150주년이 되는 해다. 규슈의 가고시마(鹿児島)현 사람들은 자기들이 유신을 성사시켰다고 생각한다. 스스로 '가고시마는 유신의 고향'이라고 자부한다. 일리가 있다. 사카모토 료마는 암살당하고, 막부의 항복을 받아낸 세력은 사이고 다카모리가 지휘하는 (사쓰마 병력을 주력으로 한) 조슈·사쓰마 동맹군이었기 때문이다. 메이지유신 150주년 행사를 가고시마에

서 개최한다고 하여, 우리 부부는 2018년 2월 가고시마와 그 일대를 방문하였다. 일본 공영방송 NHK에서도 유신 150주년을 기념하여 사이고 다카모리를 주인공으로 한 〈세고돈(西郷どん)〉이라는 대하드라마를 1년간 방영했다. '세고돈'이라는 말은 가고시마 사투리로 사이고 대장님을 뜻한다고 한다.

가고시마중앙역 광장의 동상 '젊은 사쓰마의 군상'

신칸센이 후쿠오카(하가타)에서 가고시마까지 연장될 때, 기존의 JR 가고시마역을 같이 사용하지 않고 시내 중심에 가고시마중앙역을 별도로 만들어서 신칸센의 종점으로 했다. 재래선 가고시마역은 종점이 아니고, 가고시마~가고시마중앙~이브스키(검은 모래 해변이 유명하다)~니시오야마(일본 최남단)~마쿠라자키(종점)까지 운행한다.

　　가고시마중앙역에 내리면 여러 사람의 동상이 계단식 대리석 위에 서 있는 '젊은 사쓰마의 군상(若い薩摩の群像)'이라는 조형물을 제일 먼저 만나게 된다. 이 조형물이 사쓰마의 근대 역사를 말해 준다. 사쓰마의 근대사를 알기 위해서는 사쓰마번과 영국 간의 전쟁인 '사쓰에이전쟁'을 이해해야 한다.

시마즈 가문의 별장 선암원의 어전,
시마즈 가문은 '동그라미 십자가' 문장으로 인해 기독교 신자로 오해받기도 했다

1862년 9월 14일 개항지인 요코하마항 인근에서 사쓰마번의 사무라이들이 영국인 일행과 시비가 붙어 영국인 1명을 죽이고 2명에게 중상을 입힌 사건이 발생했다. 이 사건으로 자국민이 피해를 입자 영국은 막부와 사쓰마번에 관련자 처벌과 보상을 요구했고, 막부는 1863년 6월 24일 영국에 10만 파운드의 보상금을 지급했다.

그러나 사쓰마는 보상을 거부했다. 영국은 사쓰마번에 직접 보상을 요구하기 위해 7척의 전함으로 구성된 함대를 사쓰마번의 가고시마만으로 보냈다. 영국의 함대가 8월 11일에 가고시마만에 도착했고 전투가 벌어졌다. 사쓰마번의 해안포가 공격을 했으나 폭탄은 영국 함대의 근처까지 가지도 못했고, 영국 전함의 함포는 사쓰마의 육지에 폭탄을 떨어트렸다. 8월 16일까지 계속된 영국 함대의 포격으로 사쓰마번에서 나름 일본에서 제일 먼저 서양식 산업단지로 조성했던 슈세이칸(集成館)이 모두 파괴되었고, 그 옆의 번주 시마즈 가문의 별장 선암원(仙巖園)도 파괴되었다. 가고시마성 인근의 시가지도 10분의 1가량이 화재로 소실되고, 민가와 사찰 등이 큰 피해를 입었으며, 5명의 사망자와 18명의 부상자가 발생하였다.

영국 함대는 사쓰마군 대포의 사거리가 짧은 것에 방심하고 접근하다가, 측면 포대의 기습공격에 전함 3척이 파손되었다. 더욱이 사쓰마군의 포탄이 기함(지휘함)에 명중하여 함장과 부함장을 포함하여 13명이 사망하고, 50여 명의 부상자가 발행하는 상당한 피해를 입었다. 결국 영국군은 탄약과 연료(석탄)가 떨어지자 8월 17일 전투를 중단하고 가고시마만에서 철수했다. 이 전쟁을 사쓰에이(薩英)전쟁이라고 한다.

이 전쟁에서 서구의 위대함을 절감한 사쓰마번은 서양의 문명과 기술을 배워 오지 않으면 생존할 수 없다는 것을 깨닫고, 1865년 4월, 막부 몰래 15명의 유학생과 4명의 사절단을 영국에 파견했다. 당시 막부에서는 쇄국령을 실시해서 막부의 허가 없이 외국에 가면 사형에 처했다. 그들은 영국 무역상 그래버가 준비한 무역선을 타고 영국으로 밀항했다. 약 2개월 후인 6월 21일에 런던에 도착한 학생들은 런던대학교에서 공부를 하게 되었다. 유학생들은 귀국한 후 외교, 교육, 산업 등의 분야에서 활약해, 신생 메이지 정부를 떠받치는 원동력이 되었다. 가고시마 중앙역 앞에 세워진 조형물의 주인공은 바로 이들 15명의 유학생인 것이다.

유신 고향관 내에 있는 사이고 다카모리와 애견의 모형

우리는 유신 150주년 행사를 진행하는 '유신의 고향관'으로 갔다. 입장료는 300엔씩 받았다. 유신의 고향관은 상설관으로 메이지유신의 자료, 사쓰마의 역사, 시마즈 가문의 역사, 상고집성관 유물 등이 전시되어 있다. 안에는 꽤 큰 상영관도 있다. 유신 150주년 기념으로 '사쓰마의 스튜던트, 서양으로'라는 제목의 짧은 영화를 상영하고 있었다. 좀 전에 역전에서 본 조형물 속 젊은이들의 이야기였다. 직원이 한국어 이어폰을 가져다주어서, 약 20분간 감상하고 나와서 유신 150주년 전시물들을 둘러보았다. 유신의 영웅이자 가고시마의 영웅으로 대접받는 사이고 다카모리와 애견의 모형이 큼직하게 만들어져 있었다.

당시 사쓰마번의 번주 가문인 시마즈가는 서양 세력을 배척하지 않겠다는 방침을 가지고 있었다. 그래서 일본에 기독교를 전한 하비에르 천주교 선교사도 이런 사정을 다 조사해 보고 사쓰마를 상륙 장소로 정했을 것이다. 실제로 사쓰마 번주는 처음에는 하비에르가 포교하는 것을 허용했으나, 불교의 반대로 금지할 수밖에 없었다. 우리는 하비에르 선교사가 1549년 8월 일본에 상륙한 해변을 들렀다. 그 자리에 '하비에르 상륙기념조형물'이 세워져 있었다.

하비에르 선교사가 1549년 상륙한 장소에는 기념비가 세워져 있다,
하비에르 선교사는 순교하지도 않았는데 기둥에 대롱대롱 매달려 있는 것이 눈에 거슬렸다

다음 날에는 전날 '유신의 고향관'에서 자료도 많이 보았고, 또 사쓰에이전

쟁에서 피해를 많이 보았다는 그 유명한 슈세이칸(集成館)과 선암사를 탐방하기로 했다. 일본 근대화에 있어서 아주 중요한 유적인 슈세이칸에 대해 전문가인 유홍준 교수의 해설을 한번 들어 본다.[7]

1851년 42세에 번주가 된 시마즈 나리아키라(島津斉彬)는 7년(1851~1858)이라는 짧은 기간을 재임했지만 근대화의 큰 업적을 남겼다. 자기네 가문의 정원인 선암원 곁에 근대식공업단지를 조성했다. 그것이 훗날 상고집성관이라 불리는 집성관(集成館, 슈세이칸)이다. 여기에 용광로, 대포공장, 가마솥 제작소, 금속세공소 등을 세웠다.

또한, 사쓰마 곳곳에 방직공장, 도자기·제약·설탕공장 등을 세워 그야말로 부국강병, 식산흥업 정책을 밀어붙였다. 그중에서도 괄목할 만한 점은 조선소를 세워 증기선을 건조한 것이다. 그는 가고시마로 들어오는 서양 배를 보면서 일본은 해양 국가이니 배를 많이 만들어야 한다고 생각했다. 그래서 범선용 범포를 자급자족하기 위해 방직산업을 일으켰다.

1854년 4월 마침내 그는 사쿠라지마[8]에서 서양식 군함 '쇼헤이마루(昇平丸)'를 진수했다. 그가 이 배를 막부에 헌상하면서 서양 배처럼 마스트의 중앙에 깃발을 올려야 한다며 내건 것이 일장기의 효시였다. (중략) 그는 신분을 가리지 않고 많은 인재를 등용했으며 공업연구소를 세워 기술 개발에 전념케 했다. 그는 10년이면 이 사쓰마공업단지를 완성할 수

---

7  유홍준, 《나의 문화유산답사기 일본 1 규슈》(창비, 2013), 240쪽.
8  사쿠라지마는 가고시마 앞바다에 있는 섬이다. 1914년 화산 폭발로 지금은 육지와 연결되었다.

있다고 말하곤 했다. 그러나 세월은 그에게 10년을 허락해 주지 않았다. 나리아키라는 재임 7년 만인 1858년에 세상을 떠났고 뒤를 이은 새 번주는 막대한 자본이 드는 식산흥업사업을 거의 다 폐지하거나 축소해 버렸다. 그리고 1863년 영국과의 사쓰에이전쟁 때 집성관은 폭격을 맞아 소실되었다.

영국에 패한 뒤 새 번주로 취임한 다다요시(忠義)는 나리아키라가 옳았음을 깨닫고 집성관 사업을 재건하기 시작했다. 그리하여 1865년에 준공된 기계공장이 지금 남아 있는 상고집성관의 본관이다. 나리아키라는 비록 자신의 뜻을 이루지 못하고 세상을 떠났지만 그가 길러 낸 인재 사이고 다카모리, 오쿠보 도시미치 등이 일본 근대사를 이끌어 가게 된다.

이 상고집성관은 2015년 '규슈, 야마구치의 근대화 산업 유산군'이란 제목으로 세계문화유산에 등록되었다. 우리는 선암원과 상고집성관 복합입장권을 자판기를 이용해 1,300엔씩에 샀다. 선암원에 먼저 입장해서 산책을 하면서 정원을 음미하고, 번주 시마즈가 살았던 어전의 내부도 들어가 봤다. 선암원을 나와서 상고집성관 본관(기계공장)에 입장하여 과거 기계류 등을 흥미 있게 보았다. 여기는 사진 촬영을 금하고 있었다.

본관 탐방을 마치고 그 옆의 유리공장으로 갔다. 사쓰마 번주 나리아키라가 서양의 유리공예를 배워서 그것보다 더 좋은 사쓰마 기리코(切子)라는 명작을 만들어 냈는데, 그때의 유리공장 자리가 여기인지는 모르겠지만 이 유리공장은 지금 가동되고 있다. 관람객은 유리 반죽 만들기부터 컷팅과 연마까지의 제조 과정을 관람객은 모두 볼 수 있다. 여기서 지금도 '사쓰마 기리코'를 만들어서 현장에서 유리공예 작품을 파는데, 붙어 있는 가격표를 보고 너무나도 비싸서 깜짝 놀랐다.

상고집성관 본관(기계공장)

한편 메이지유신의 첫 번째 공신이자, 가고시마의 유신 150주년 사업의 주인공인 사이고 다카모리는 아이러니하게도 유신 정부군을 상대로 서남(西南, 세이난)전쟁을 하다가 사망한다. 사이고 다카모리(西鄕隆盛, 1828~1877)는 사쓰마번의 하급무사로 태어나서 승진을 거듭하여 사쓰마번의 에도 번저 호위사령관이 된다. 그 후 삿쵸동맹의 사령관이 되어 도쿠가와 막부 체제를 끝내고, 메이지 신정부를 수립하는 데 큰 역할을 하였다. 자신의 임무를 마쳤다고 생각한 사이고는 신정부 내각 참여를 거부하고, 사쓰마로 돌아와 생활을 하게 된다. 우여곡절 끝에 1871년 신정부에 참여하게 된다. 이후 정부군의 사령관으로 임명되어 지방 권력인 번을 모두 폐지하고 몇 개의 번을 묶어서 새로운 현 제도를 만드는 '폐번치현(廢藩置縣)' 정책을 지원하고 정부의 힘을 강화했다.

이 시기에 정부에서는 징병제의 도입이라는 어려운 문제를 결정해야 했다. 유럽의 군대를 보고 온 해외유학파 정부 인사들은 모든 남자 국민이 일정 기간 군대에서 복무하는 국민개병제를 주장했고, 사이고는 고대부터 나라는 사무라이 계급이 지켜왔으므로 사무라이 계급을 주축으로 군대를 만들자고 하였다. 그러면서 이들을 활용하여 조선 정벌에 나서자고 '정한론'을 강력하게 주장했다(당시 조선은 대원군 집권 시절). 사이고는 자신의 의견이 받아들여지지 않자, 정부군의 사령관직을 사임하고 가고시마에 있는 고향집으로 돌아왔다.

사이고는 가고시마로 돌아온 지 몇 달이 지난 후, 군사학과 육체적 훈련의 중요성을 강조하면서, 자신의 사숙(私塾, 개인학교)을 열었다. 일본 각지에서 몰려든 사무라이들이 그의 아래에서 공부하였으며, 1876년에는 학생 수가 20,000명으로 늘었다. 이렇게 인원이 늘어난 이유는, 국민개병제가 되고 번이 없어지면서 사무라이가 모실 번주가 없어졌기에 사무라이에게 월급을 줄 사람도 없어졌기 때문이다. 따라서 사무라이들은 극심한 생활고에 시달릴 수밖에 없었다. 사이고가 이 사숙은 앞으로 공직에서 일할 젊은이들을 훈련시키는 단순한 학교라고 했으나, 도쿄에 있는 정부에는 큰 근심거리가 되고 말았다. 사무라이가 계속 몰려가면 나중에 무슨 일을 벌일지 모르기 때문이다. 결국 정부는 사이고의 학교에 해산명령을 내렸다.

1877년 1월 정부의 해산명령에 불복한 사이고의 제자들이 가고시마에 있는 정부군 군수공장과 해군기지를 공격하였다. 사이고는 고민을 한 끝에 반란의 지도자로 추대되는 데에 동의하였다. 이들은 정부를 비판하며 도쿄까지 행진을 시작하였다. 정부는 1877년 2월 정부군을 파견하여 구마모토성에서 사이고의 군대와 대치하게 된다. 그리고 7개월에 걸친 전면적인 전쟁이 일어나게 된다. 사이고의 옛 친구인 야마가타 아리토모(山縣有朋)는 당시 사이고의 군대에 맞서는 정부군의 야전군 사령관이었다. 전 사령관과 후 사령관의 결전이자 친구끼리의 전투가 벌어진 것이다.

5월부터 수세에 몰린 사이고 부대는 여름에는 패전을 거듭하였고, 9월에는 패색이 짙어졌다. 그는 몇 백 명의 부하를 이끌고 구마모토에서 가고시마로 돌아와 마지막으로 도시의 전경이 보이는 언덕에 진지를 구축하였다. 9월 24일에 정부군이 최후의 공격을 가하였으며, 부상을 당한 사이고는 자결하였다. 이 서남전쟁으로 인한 사망자는 사이고 군대가 6,800명, 정부군이 6,400명이고, 양측에서 많은 부상자가 발생했다. 역적이 되었던 사이고는 나중에 복권되어

도쿄 우에노공원의 사이고 다카모리의 동상

도쿄의 한복판인 우에노 공원에 그의 동상이 세워졌다. 동상에는 그의 좌우명 '경천애인(敬天愛人)'이 쓰여 있다. 이와 같이 파란이 많았던 사이고 다카모리의 일생을 소재로 하여 제작된 영화가 2003년 개봉한 〈라스트 사무라이〉이다. 감독은 에드워드 즈윅이고, 사이고 다카모리 역할은 톰 크루즈가 맡았다.

사이고와 료마 간에는 훈훈한 일화가 하나 있다. 가고시마공항에서 가까운 기리시마 온천에 료마공원이 있다. 이곳은 사카모토 료마의 신혼여행지로 알

려져 있다. 사카모토는 1866년 3월 조슈동맹을 맺은 후 막부의 암살 대상으로 지목되어 계속 다른 이름을 쓰면서 다니는 등 조심하였지만, 교토의 데라다야 (寺田屋)의 여관에서 잠을 잘 때, 막부 순찰대의 습격을 받아서 큰 부상을 입는다. 당시 료마는 오료(お龍)라는 여자와 결혼한 지 얼마 되지 않았을 때였다.

료마공원, 료마 부부의 신혼여행지는 사실은 암살을 피해서 사쓰마로 피난 온 곳이다

사이고 다카모리는 료마가 부상을 입은 것을 전해 듣고, 그들 부부를 치안이 안전한 사쓰마로 초청하였고, 사카모토 부부는 4월 24일 사쓰마에 도착해서 사이고의 집에 머물게 된다. 그리고 가고시마 인근 기리시마(霧島) 온천에서 4월 30일부터 5월 12일까지 휴양한다. 건강을 회복한 사카모토는 5월 13일 기리시마 연봉 중 하나인 다카치미노루산(高千穂峰)을 등정해서 1,574m의 정상에 철봉을 꽂아 놓고 내려왔다. 관광회사들은 이것을 일본 최초의 신혼여행이라고 하며, 료마가 묵었던 기리시마 온천은 이것을 이용하여 관광객을 유치하고자 료마 부부가 묵었던 온천여관 옆에 조그만 료마공원을 만들었다. 또한 이 당시 료마 부부가 다니던 산책로가 규슈 올레 제8코스 '기리시마 묘겐 코스'인데 한국의 트레킹족이 많이 찾는다.

# 지진 피해를 복구 중인 구마모토성(熊本城)

일본은 지진이 자주 나는 나라이기 때문에 가끔 여행하다가 약한 지진을 느낄 때도 있고, 해변가 숙소에서 잘 때는 좀 무서울 때도 있다. 그래서 해변가 숙소에서 잘 때는 되도록 아래층은 피한다. 큰 지진이 나면 고층이 먼저 무너지고, 쓰나미가 나면 1~2층으로 바닷물이 밀려오기 때문이다. 쓰나미란 말은 일본어 つなみ(津波)가 세계 표준어가 된 것이다. 이는 '해안으로 밀려오는 파도'를 뜻하는 말이다.

전 지구적으로 볼 때 매년 약 10만 건의 지진이 발생한다고 한다. 대부분의 지진은 지각에 축적된 스트레스가 균형을 잃으면서 지각이 튕겨 나가거나 서로 어긋나면서 발생한다고 한다. 지구 전체에 발생하는 지진의 약 90%는 환태평양조산대에서 일어난다. 환태평양조산대에 속한 일본은 지리적으로 네 개의 지각 덩어리(유라시아, 필리핀, 태평양, 북아메리카판)가 만나는 접점에 위치하고 있기 때문에 강진이 더욱 자주 발생한다고 한다.

1900년 이후에 일어난 지진들 중에서 사망자가 10명 이상 발생한 재해는 다음과 같다.

| 발생일 | 지진명 | 지진 발생 장소 | 사망자(명) |
|---|---|---|---|
| 1923. 9. 1. | 관동대지진 | 사가미만(요코하마 인근) | 37,000 |
| 1948. 6. 28. | 후쿠이지진 | 후쿠이현 | 3,770 |
| 1995. 1. 17. | 한신대지진 | 고베, 오사카 | 6,424 |
| 2004. 10. 23. | 조예쓰지진 | 니가타현 오지야시 | 65 |
| 2011. 3. 11. | 동일본대지진 | 후쿠시마현 해안 | 25,000 |
| 2016. 4.14.(전진) 2016. 4.16.(본진) | 구마모토지진 | 구마모토현 구마모토시 | 267 |
| 2018. 9. 7. | 북해도 이부리지진 | 북해도 이부리마을 | 41 |

상기 지진 중 2016년 4월 구마모토에서 발생한 지진은 좀 색다른 양상을 보였다. 구마모토 지진은 2016년 4월 14일 오후 9시 26분 일본 구마모토 현 구마모토시에서 발생한 진도 6.5의 지진에서부터 시작된다. 일본 기상청은 2016년 4월 15일 오전 10시 발표를 통해 이 지진에 '2016년 구마모토지진(平成 28年 熊本地震)'이라는 이름을 붙였다. 일본은 대규모 지진이 발생하면 지진 관리를 위하여 이렇게 이름을 만들어 붙인다. 그리고 여진이 좀 잠잠해지는가 싶었던 2일 후인 4월 16일 새벽 1시 25분, 최대 진도 7.3에 달하는 지진이 구마모토를 중심으로 다시 발생하였다. 일본 기상청은 이 지진이 14일 지진의 여진이 아닌 본진(本震)이며, 14일에 발생한 지진은 오늘 지진의 전진(前震)이라고 발표하였다. 사망자는 2번째 본진에서 훨씬 많이 발생하였다. 그때부터 일본인은 큰 지진이 온 뒤 잠잠해져도, 또다시 본진이 오지 않을까 하는 생각에 더 큰 무서움을 느끼게 되었다.

구마모토지진은 지진의 규모가 상당히 컸는데도 인명 희생은 적어서 지진

이름에 '대' 자는 붙이지 않았다고 한다. 이 지진에 의해서 아소산이 일부 무너져서 분화구 탐방이 중지되었으며, 구마모토에서 아소산을 넘어서 오이타까지 가는 열차의 선로가 일부 유실되었다. 많은 관광객이 아소산을 가는 루트인 구마모토에서 아소산행 열차는 탈 수 없게 되었다.[9] 구마모토성 역시 큰 피해를 입었다.

이런 뉴스를 들은 우리 부부는 지진의 정리가 어느 정도 되어, 안전이 확보된 그해 11월에 지진 피해를 직접 보러 후쿠오카에서 구마모토로 시외버스를 타고 갔다.

구마모토성이 자랑하는 3층 야구라(망루)가 지진으로 무너질 뻔했다

구마모토성은 예부터 이 자리에 지어져 있는 작은 성들을 포함하여 1607년에 개축되었다. 임진왜란 때의 선봉장으로 당시 조선에 많은 피해를 준 가토 기요마사(加籐淸正)가 7년 만에 완성했고, 가토가 축성할 당시에는 은행나

9    2019년 3월 말 현재 아소산 탐방은 제한적으로 재개되었지만, 열차는 운행하지 않는다.

구마모토성의 독특한 쌍천수각도 지진으로 지붕기와가 다 떨어졌지만
내부는 콘크리트로 재건한 것이어서 이상이 없었다

무가 심어져 있었기에 은행나무성이라고 불렸다고 한다. 성의 영역이 넓어서 성안에는 100개가 넘는 우물과 수십 개의 성문과 망루가 있다. 성의 둘레가 약 12㎞에 이른다.

이 성은 1877년 서남전쟁 때에 사이고 다카모리의 사무라이군이 진주하여 정부군과 대치하다가 함락되어 천수각 건물은 불타 버렸다. 하지만 높은 석벽은 잘 남아 있어서 석벽의 축성 기술을 살펴볼 수 있다. 눈으로만 보아도 견고하게 쌓인 석벽을 자세히 들여다보면 아래쪽은 완만하고, 위로 올라갈수록 수직형으로 가팔라지는 것을 볼 수 있다. 구마모토성은 다른 성에서 볼 수 없는 양식으로 2개의 천수각이 붙어 있어서 쌍천수라고 불린다.

현재의 천수각은 1960년에 재건된 것으로, 내부를 콘크리트로 만들었다. 우리가 방문하였을 때 성은 펜스를 치고 출입을 완전히 금지하고 있었다. 성을 밖에서 한 바퀴 돌면서 살펴보았는데, 지진으로 인하여 석벽이 많이 부서졌지만 완전히 무너진 건물은 없는 것처럼 보였다. 다만, 천수각과 가까운 신사 쪽에 가서 쌍천수각을 자세히 보니 쌍천수의 지붕기와는 거의 다 흘러내렸다.

정문을 막고 있는 직원에게 언제쯤 다시 개방할 것이냐고 물어보니 이번에 내진 설계를 해서 복구할 예정이기 때문에 재개방까지는 10년이 걸릴지, 20년이 걸릴지 모르겠다고 했다. 이번에 복구하는 김에 천수각을 해체하여 시멘트를 걷어 내고 목재를 사용하여 원래의 천수각의 모습대로 복원하였으면 좋겠다고 생각했다.

구마모토시 홈페이지의 구마모토성 피해조사 보고서 내용은 다음과 같다.

① 중요문화재 건조물의 피해

중요문화재 건조물 13개 동 전체가 피해를 보았다. 그중에서도 구마모토성의 북동쪽에 있는 동 18간 망루, 북 18간 망루는 무너졌다. 폐쇄 중인 문과 장담이 일부 붕괴되고 다른 8개 동이 파손돼 복구해야 한다. 향후의 상세 조사 결과에 따라서는 일부 건조물의 해체·수리가 필요할 가능성도 있다.

② 복원건조물의 피해

복원 건축물(1960년에 재건된 천수각 등 복원된 건조물)의 20개 동도 모두 재해를 입었다. 담의 대부분은 붕괴되고, 이이다 마루의 고층 망루, 이누이 망루 등 7개 동은 건물 아래 돌담이 부분 붕괴돼 있어 더 붕괴될 위험성이 있다. 천수각은 철근콘크리트 건축물이었기 때문에 건물 자체의 손상은 적지만, 대천수 최상층의 기와는 거의 다 떨어져 파손되었다.

③ 돌담(석벽)의 피해

이번 지진으로 가장 큰 피해를 입은 것이 석벽이다. 구마모토성의 석벽은 973면, 약 79,000㎡에 달한다. 그중 축석이 붕괴한 부분은 229면, 약 8,200㎡로 전체의 약 10%다. 축석이 느슨해졌거나 튀어나와서 다시 쌓아야 하는 부분은 517면, 약 23,600㎡로 전체 면적의 약 30%에 이른다. 1㎡의 축석 수를 평균 34개 정도로 계산하면 약 7만 내지 10만 개의 축석을 다시 쌓아야 한다.

일본 구마모토지진이 발생한 지 5개월 후인 2016년 9월 12일 경상북도 경주시 내남면 부지리에서 리히터 규모 5.8의 지진이 발생하였는데, 이는 우리나라가 1978년 지진 관측을 시작한 이래 한반도에서 발생한 최대 규모의 지진으로 기록되었다. 이 지진은 구마모토 지진처럼 전진과 본진이 뚜렷하게 구분되어 발생하였다.

경주지진의 발생 상황을 살펴보면 9월 12일 오후 7시 44분에 규모 5.1의 전진이 먼저 발생했고, 48분 후인 오후 8시 32분 규모 5.8의 본진이 발생했다. 이 지진으로 서울을 비롯한 우리나라 전역에서 건물의 진동을 느꼈다. 경주 현지에서는 부자가 23명이었으며, 재산 피해가 5,100건 넘게 발생하였다. 본진이 발생한 지 7일 만인 9월 19일 오후 8시 33분 리히터 규모 4.5의 여진이 발생하였고, 이 여진의 진동은 부산, 울산을 포함한 영남 지역은 물론이고, 중부권에서도 감지되었다.

# 오키나와의 수리성(首里城)

　오키나와(沖繩)는 일본의 규슈 남단으로부터 약 685km 떨어진 곳에 있는 섬으로, 일본 규슈와 타이완의 중간에 있다. 경치가 수려하고, 해안에는 아름다운 산호가 자라고 있다. 우리를 포함한 거제대학교 교수 4명은 부부 동반으로 2016년 겨울방학에 이 섬을 방문하였다.

경치가 수려한 오키나와, 바다 경치가 매우 아름답다

　오키나와는 일본에 병합되기 이전에는 류큐왕국이라는 독립된 국가였다. 류큐왕국이 생긴 것은 1429년이며, 그때까지 여러 부족국가로 나누어져 있던 오키나와를 쇼하시(尙巴志)왕이 통일하고 류큐국을 건국했다. 류큐국은 중국과 일본의 중간에 위치하는 지리적 여건 때문에 중일 양국과 교류했지만(사실상 조공), 문자가 없던 류큐인은 한자를 사용하는 등 문화적 영향은 중국으로 부터 더 많이 받았다. 정치적 영향은 일본으로부터 많이 받았다. 류큐왕국은 1609년 일본의 사쓰마번에 복속되었지만, 왕국의 지위는 유지하고 있었다. 1879년 4월 4일 메이지 정부는 류큐왕국을 오키나와현으로 만듦으로써 일본에 편입시켜 버렸다. 역사는 이날을 독립국의 소멸일로 기록한다.

오키나와는 풍광이 수려하고, 길이 단순하고, 자동차가 많지 않아 렌터카로 여행하기 좋아서 우리나라의 젊은이들이 많이 찾는 관광지이다. 추라우미(美ら海)수족관이 유명하고 만좌모, 치넨미사키공원의 해안 풍경이 압권이다. 유적으로는 류큐왕국의 궁전인 수리성이 남아 있다. 수리성은 1429년부터 1879년까지 450년간 역대 국왕이 거주하였던 거성이었다. 1945년 3월 태평양전쟁 오키나와 전투 때에 대부분이 파괴되었지만, 중국과 류큐의 문화가 융합된 독자적인 건축양식으로, 지어졌던 원형을 그대로 살려서 1992년에 복원하였고, 2000년 12월 세계문화유산으로 등록되었다.

태평양전쟁 말기인 1945년 4월 미국은 일본과 오키나와 전투에서 승리하여 이 섬을 지배하면서 오키나와 지역(오카나와 본섬과 40개의 유인도)을 일본에서 분리해서 장기간 신탁 통치했다. 그 이유는 오키나와의 군사적 효용성 때문이다. 신탁통치 후에도 일본에서 분리된 독립국으로 만들어서 자기들의 영향 아래에 두려고 했었는데, 의외로 주민들의 지지가 강하지 않아 결국 차례차례 반환하게 되었다. 토카라 열도(1952년 반환), 아마미 군도(1953년 반환)를 먼저 반환하고, 오키나와 본섬은 1972년에 반환하였다. 당시 주민들은 미국의 통치 체제 아래 있는 것보다 일본에 복귀하는 것을 선호했다고 한다.

왕궁이었던 수리 성은 여러 개의 문을 지나야 궁전이 나온다. 제일 먼저 수례문(守禮門, 슈레 이몬)을 통과해야 한다. 이 문은 수리

일본 지폐 2000엔권에 수리성의 수례문이 그려져 있다

성의 상징과도 같으며, 문 위의 액자에 수례지방(守禮之邦)이라고 적혀 있는데, 이는 류큐는 예절을 중시하는 나라라는 뜻이다. 16세기 초에 건설되어 1933년 일본 국보로 지정되었다가 태평양전쟁으로 파괴되었지만, 1958년에 복원되었다. 일본 지폐 중 희귀하여 잘 볼 수 없는 2000엔 화폐의 앞면에 이 수례문이 도안되어 있다.

수례문을 지나서 더 올라가면, 이름도 어려운 '소노향 우타키 석문'이 나온다. 우타키는 류큐어로 '선조의 영혼이 머물고 있는 곳'을 뜻하는데, 여기에만 있는 것이 아니고 오키나와 각지에 우타키가 있어서 오키나와의 신앙과 같은 것이다. 소노향 우타키는 왕가의 선조 영혼이 머물고 있는 지역으로 그 앞에 석문이 있다.

좀 더 가면 환회문(歡會門, 칸카이몬)을 지난다. 이 문은 궁전으로 들어가는 제1관문으로 중국의 책봉사를 환영한다는 의미로 지어졌다. 15세기 말 류큐왕은 명나라 황제로부터 왕호를 책봉받아서 군신 관계가 되었다. 다음으로 서천문(瑞泉門, 즈이센몬)을 지나면 드디어 정전이 나온다. 서천문의 좌우 성벽은 지저분하게 보이지만 류큐의 석회암으로 정교하게 쌓아 올린 튼튼한 성곽이라고 한다.

수리성의 상징 수례문

수리성의 정전은 우리가 방문했을 때, 공사 중이라서 앞모습은 볼 수 없었다. 안에 들어가면 왕이 앉는 옥좌가 있고, 옥좌 위에는 중산세토(中山世土)라는 액자가 걸려 있다. 이 액자는 청나라의 4대 황제 강희제로부터 류큐의 상정왕이 하사받은 것으로, '여기는 류큐왕의 땅'이라는 의미라는데, 어떻게 그렇게 해석되는지 의미가 전혀 와닿지 않는다.

정전은 류큐왕국의 최대 목조

요새같이 생긴 서천문

건축물로 국왕이 거처했던 곳으로서, 중국의 영향을 받아 독자적인 문화를 구축한 류큐문화의 결정체라고 한다. 국왕이 앉았던 옥좌가 1층과 2층에 각각 있고, 옥자 뒤 미닫이문을 열면 국왕 전용 계단이 나온다. 이는 중국에도, 일본에도 유래가 없는 류큐만의 독특한 형식이다. 탐방객은 신발을 벗고 들어가서 구석구석 둘러볼 수 있다. 수리성의 입장료는 820엔이다.

임금의 어좌가 1층과 2층에 각각 하나씩 있는 독특한 류쿠식 구조다

수리성을 둘러보면서 '류큐왕국의 왕들이 탐욕스러운 중국과 일본의 사이에서 400년간 독립국가를 유지하려면 얼마나 힘들었을까?'라는 생각이 들었다. 강대국인 중국과 일본 사이에 끼어서 이 눈치 저 눈치를 보았을 것이다. 상당한 연민이 느껴진다. 그때만큼은 아니겠지만, 오늘날에도 일본과 우리나라는 미국과 중국이라는 강대국들 사이에서 정치 문제와 경제 문제를 풀어가려면 많은 어려움을 겪을 수밖에 없다. 국제정치, 외교라는 것이 총소리 없는 전쟁이다.

우리는 수리성을 탐방한 후 류큐민속촌에 들러서 오키나와의 민속을 살펴보았다. 과거 오키나와 열도 각지에 있던 오래된 주택 7채를 옮겨 와서 류큐촌(琉球村)이라는 이름으로 보존하고 있으며, 옛날 류큐인의 이런저런 생활상을 보여 주고 있었지만 물건 파는 데 더 열심이었다. 류큐촌을 둘러본 후 관광객이 제일 많이 찾는 만좌모의 해안 경치를 보고 숙소로 돌아왔다. 우리가 오키나와에 올 때 '이곳이 동남아처럼 겨울에도 덥지 않을까?'라고 생각했는데 의외로 추웠다. 낮에는 긴팔 옷을 입고 다녀야 되고, 저녁에는 겉옷까지 입고 다녀야 한다. 우리나라의 늦은 가을 같은 날씨였고, 바다에서 해수욕을 할 수 있는 기간은 다섯 달(5~9월)뿐이라고 한다.

인구가 130만 명인 오키나와에도 대학이 있다. 미군정 때인 1950년에 미국이 류큐대학을 설립했고, 오키나와가 일본에 반환된 뒤에는 국립류큐대학이 되었다. 학생 수는 8천 명 정도인데 한국 유학생도 있다고 한다.

# 유적지 찾아가는 일본 여행

ⓒ 정지영, 2019

초판 1쇄 발행 2019년 6월 1일

지은이    정지영
펴낸이    이기봉
편집      좋은땅 편집팀
펴낸곳    도서출판 좋은땅
주소      서울 마포구 성지길 25 보광빌딩 2층
전화      02)374-8616~7
팩스      02)374-8614
이메일    gworldbook@naver.com
홈페이지  www.g-world.co.kr

ISBN   979-11-6435-378-1 (03910)

이 도서의 국립중앙도서관 출판예정도서목록(CIP)은 서지정보유통지원시스템 홈페이지(http://seoji.nl.go.kr)와 국가자료공동목록시스
템(http://www.nl.go.kr/kolisnet)에서 이용하실 수 있습니다. (CIP제어번호 : CIP2019020709)